实账实战演练系列

根据我国最新《中华人民共和国会计法》《企业会计准则》《企业内部控制基本规范》编写

实账实战演练：
跟我学查账

张　心 ◎ 等编著

化学工业出版社

·北京·

内 容 简 介

《实账实战演练：跟我学查账》以"图表+实账+演练"的形式，通过查账标准和实操演练向查账人员展现各项经济业务的具体查账方法，既可指导查账新手快速入门，也可帮助企业的稽查人员、内审人员以及企业管理者掌握查账的基础知识，是提高企业管理水平的必备参考书。

《实账实战演练：跟我学查账》的第1章和第2章分别讲解了查账人员在查账实操前必须掌握的基础知识和提高查账水平及效率的操作方法，通过生动的语言和丰富的插图进行表述；第3章至第10章通过查账的具体标准和实操演练，把企业整个经济管理事项的查账活动展现出来，有理有据，清晰明了。查账的具体标准和实操演练部分共分为8章，包括会计凭证/账簿查账、企业资产查账、企业负债查账、所有者权益查账、收入与成本费用查账、利润及利润分配查账、会计报表查账、会计业务调账等内容，以便查账新手可以轻松掌握会计错弊的甄别与防范技能，快速胜任查账岗位的工作。

《实账实战演练：跟我学查账》适合查账新手、在职稽查人员、内审人员、企业经营管理者、企业培训及咨询人员、高校财务管理专业师生阅读和使用。

图书在版编目（CIP）数据

实账实战演练．跟我学查账/张心等编著．—北京：化学工业出版社，2017.5（2018.9重印）
ISBN 978-7-122-29202-5

Ⅰ.①实… Ⅱ.①张… Ⅲ.①会计检查 Ⅳ.①F23 ②F231.6

中国版本图书馆CIP数据核字（2017）第042901号

责任编辑：王淑燕　　　　　　　文字编辑：尉迟梦迪
责任校对：宋　夏　　　　　　　装帧设计：史利平

出版发行：化学工业出版社（北京市东城区青年湖南街13号　邮政编码100011）
印　　刷：北京京华铭诚工贸有限公司
装　　订：北京瑞隆泰达装订有限公司
787mm×1092mm　1/16　印张10　字数232千字　2018年9月北京第1版第2次印刷

购书咨询：010-64518888（传真：010-64519686）　售后服务：010-64518899
网　　址：http://www.cip.com.cn

凡购买本书，如有缺损质量问题，本社销售中心负责调换。

定　价：39.80元　　　　　　　　　　　　　　　　　　　　　　版权所有　违者必究

"实账实战演练系列"图书,每本书都围绕着一个财会岗位或财务工作事项,设计该岗位或工作事项实操时应具备的**专业知识**、**实操规范标准**以及**实操演练**,通过知识准备、实操规范标准、实操演练等模块,向企业财务会计部门的会计、出纳、稽查、审计等岗位人员以及企业管理者提供一整套集**专业知识**、**操作规范标准**、**实操演练**于一体的实务用书。

《实账实战演练:跟我学查账》是"实账实战演练系列"图书中一本既可以指导查账人员快速入门,又可帮助企业管理者掌握查账基础知识,提高管理水平的必备的**操作示范工具书**。

本书从查账的**岗位**、**专业知识**入手,以《中华人民共和国会计法》《企业会计准则》《企业内部控制基本规范》为依据,运用**图表**、**实账**、**演练**,以"**实用**、**易学**、**易懂**"为原则,将查账知识**由浅入深**、**循序渐进**地展现,旨在帮助查账人员能**快速胜任**查账岗位,**快速掌握**查账岗位的工作方法与操作技能。

本书具有以下四大特点。

(1)根据最新的法律规范编写

本书严格按照全国人民代表大会常务委员会颁布的《中华人民共和国会计法》、财政部颁布的《企业会计准则》、《企业内部控制基本规范》的要求编写,并联系企业实际,有针对性地对经济活动事项进行查账。

(2)为企业7项经济业务进行查账演练

本书按照会计凭证/账簿、资产、负债、所有者权益、收入与成本费用、利润及利润分配、会计报表等经济业务,详细介绍了这些经济业务的查账标准和查账演练,并配以该项经济业务的错弊风险提示,以指导查账人员迅速胜任岗位工作。

(3)本书政策性强、适用性强、操作性强

本书汇集了**4**大政策法律规范、**47**个错弊查找标准、**94**项查账实操演练、**42**种错弊风险提示,可谓是集"**政策性强**、**适用性强**、**操作性强**"等优点于一书,其结构清晰,内容丰富,涵盖了企业经济业务事项的各个方面,便于读者迅速完成从**理论到实战**的转化。

(4)为查账人员提供自我培训用书

本书对企业各项经济业务进行了查账实操演练,为查账、稽核、内审岗位的人员提供了详细的操作标准和实操演练,基本上可以满足该岗位人员的培训需求。因此,本书也可以作为企业为查账、稽核、审计类岗位从业人员实施业务操作培训的指导用书。

在本书编写的过程中，孙立宏、孙宗坤、程富建、刘井学负责资料的收集和整理，贾月、董连香负责图表编排，毕春月、张天骄编写了本书的第 1 章，刘伟编写了本书的第 2 章，王兰会编写了本书的第 3 章，王淑敏编写了本书的第 4 章，王德敏编写了本书的第 5 章，孟庆华编写了本书的第 6 章，宋君丽编写了本书的第 7 章，韩丽微编写了本书的第 8 章，么秀杰编写了本书的第 9 章，余颖怡编写了本书的第 10 章，全书由张心统撰定稿。

编著者

2017 年 4 月

第1章 查账实操前需掌握的基础知识准备 … 1

1.1 ▶ 查账组织与人员配备 … 1
1.1.1 查账组织形式 … 1
1.1.2 查账组织设置 … 1
1.1.3 查账人员配备 … 2
1.1.4 查账工作职责 … 2

1.2 ▶ 查账准则与法律规范 … 2
1.2.1 查账行为准则 … 2
1.2.2 查账工作要求 … 3
1.2.3 查账政策法规 … 3
1.2.4 查账质量控制 … 4

1.3 ▶ 查账工作与组织关系 … 4
1.3.1 查账与管理层的关系 … 4
1.3.2 查账与治理层的关系 … 4
1.3.3 查账与内部控制的关系 … 4
1.3.4 查账与内部审计的关系 … 5

1.4 ▶ 查账工作方法与步骤 … 5
1.4.1 错弊甄别方法 … 5
1.4.2 查账分类方法 … 8
1.4.3 查账基本方法 … 8
1.4.4 图解查账步骤 … 11

第2章 通过企业内控提高查账效率的方法 … 13

2.1 ▶ 认知企业内控 … 13

2.1.1	内部控制类型	13
2.1.2	内部控制目标	13
2.1.3	内部控制要素	14
2.1.4	内部控制任务	14

2.2 ▶ 掌握内控方法 ... 15

2.2.1	不相容职务分离控制	15
2.2.2	授权审批控制	16
2.2.3	会计系统控制	17
2.2.4	财产保护控制	17
2.2.5	预算控制	18

2.3 ▶ 内控制度设计 ... 19

2.3.1	设计内容	19
2.3.2	设计原则	20
2.3.3	设计程序	20
2.3.4	注意事项	21

2.4 ▶ 监督与检查 ... 21

2.4.1	监督检查职责	21
2.4.2	外包评价规范	22

2.5 ▶ 测试与评价 ... 22

2.5.1	内容	22
2.5.2	方法	22
2.5.3	步骤	24

2.6 ▶ 结果的评价 ... 24

2.6.1	分层	24
2.6.2	步骤	25

第3章 实账演练——对会计凭证/账簿进行查账 27

3.1 ▶ 原始凭证的查账标准与演练 ... 27

3.1.1	原始凭证的查账标准	27
3.1.2	原始凭证的查账演练	28

3.2 ▶ 记账凭证的查账规范与演练 ... 29

3.2.1	记账凭证的查账标准	29
3.2.2	记账凭证的查账演练	30

3.3 ▶ 会计账簿的查账标准与演练 ... 31

3.3.1	会计账簿的查账标准	31

          3.3.2 会计账簿的查账演练 ·· 32
　3.4 ▶ 会计错账更正的调账标准与演练 ·· 33
          3.4.1 会计错账更正的调账标准 ·· 33
          3.4.2 会计错账更正的调账演练 ·· 35

第 4 章　实账演练——对企业资产进行查账　　38

　4.1 ▶ 货币资金业务的查账标准与演练 ·· 38
          4.1.1 库存现金业务的查账标准与演练 ·· 38
          4.1.2 银行存款业务的查账标准与演练 ·· 41
          4.1.3 其他货币资金业务查账标准与演练 ·· 44
　4.2 ▶ 存货业务的查账标准与演练 ·· 48
          4.2.1 存货取得的查账标准与演练 ·· 48
          4.2.2 存货发出的查账标准与演练 ·· 50
          4.2.3 存货储存与盘点的查账标准与演练 ·· 52
　4.3 ▶ 固定资产业务的查账标准与演练 ·· 55
          4.3.1 固定资产增减业务的查账标准与演练 ·· 55
          4.3.2 固定资产修理业务的查账标准与演练 ·· 62
          4.3.3 固定资产折旧业务的查账标准与演练 ·· 64
　4.4 ▶ 无形资产业务的查账标准与演练 ·· 66
          4.4.1 无形资产增加业务的查账标准与演练 ·· 66
          4.4.2 无形资产投资转出的查账标准与演练 ·· 68
          4.4.3 无形资产摊销业务的查账标准与演练 ·· 70

第 5 章　实账演练——对企业负债进行查账　　73

　5.1 ▶ 短期借款的查账标准与演练 ·· 73
          5.1.1 短期借款的查账标准 ·· 73
          5.1.2 短期借款的查账演练 ·· 74
　5.2 ▶ 应付票据的查账标准与演练 ·· 75
          5.2.1 应付票据的查账标准 ·· 75
          5.2.2 应付票据的查账演练 ·· 76
　5.3 ▶ 应付账款的查账标准与演练 ·· 77
          5.3.1 应付账款的查账标准 ·· 77
          5.3.2 应付账款的查账演练 ·· 77

5.4 预收账款的查账标准与演练 …… 79
5.4.1 预收账款的查账标准 …… 79
5.4.2 预收账款的查账演练 …… 79

5.5 应付股利的查账标准与演练 …… 81
5.5.1 应付股利的查账标准 …… 81
5.5.2 应付股利的查账演练 …… 81

5.6 应交税费的查账标准与演练 …… 82
5.6.1 应交税费的查账标准 …… 82
5.6.2 应交税费的查账演练 …… 84

5.7 长期借款的查账标准与演练 …… 86
5.7.1 长期借款的查账标准 …… 86
5.7.2 长期借款的查账演练 …… 86

5.8 应付债券的查账标准与演练 …… 88
5.8.1 应付债券的查账标准 …… 88
5.8.2 应付债券的查账演练 …… 88

5.9 长期应付款的查账标准与演练 …… 89
5.9.1 长期应付款的查账标准 …… 89
5.9.2 长期应付款的查账演练 …… 89

5.10 应付职工薪酬的查账标准与演练 …… 90
5.10.1 应付职工薪酬的查账标准 …… 90
5.10.2 应付职工薪酬的查账演练 …… 92

第6章 实账演练——对所有者权益进行查账 …… 94

6.1 实收资本的查账标准与演练 …… 94
6.1.1 实收资本的查账标准 …… 94
6.1.2 实收资本的查账演练 …… 95

6.2 资本公积的查账标准与演练 …… 96
6.2.1 资本公积的查账标准 …… 96
6.2.2 资本公积的查账演练 …… 96

6.3 盈余公积的查账标准与演练 …… 98
6.3.1 盈余公积的查账标准 …… 98
6.3.2 盈余公积的查账演练 …… 98

6.4 未分配利润的查账标准与演练 …… 100
6.4.1 未分配利润的查账标准 …… 100

6.4.2　未分配利润的查账演练 ……………………………………………… 100

第7章　实账演练——对收入与成本费用进行查账　102

7.1　收入的查账标准与演练 ……………………………………………… 102
7.1.1　主营业务收入的查账标准与演练 ……………………………… 102
7.1.2　其他业务收入的查账标准与演练 ……………………………… 104

7.2　生产成本的查账标准与演练 …………………………………………… 107
7.2.1　生产成本的查账标准 …………………………………………… 107
7.2.2　生产成本的查账演练 …………………………………………… 107

7.3　制造费用的查账标准与演练 …………………………………………… 109
7.3.1　制造费用的查账标准 …………………………………………… 109
7.3.2　制造费用的查账演练 …………………………………………… 110

7.4　期间费用的查账标准与演练 …………………………………………… 111
7.4.1　期间费用的查账标准 …………………………………………… 111
7.4.2　期间费用的查账演练 …………………………………………… 113

第8章　实账演练——对利润及利润分配进行查账　115

8.1　利润组成的查账标准与演练 …………………………………………… 115
8.1.1　利润组成的查账标准 …………………………………………… 115
8.1.2　利润组成的查账演练 …………………………………………… 116

8.2　投资收益的查账标准与演练 …………………………………………… 117
8.2.1　投资收益的查账标准 …………………………………………… 117
8.2.2　投资收益的查账演练 …………………………………………… 118

8.3　所得税业务的查账标准与演练 ………………………………………… 119
8.3.1　所得税业务的查账标准 ………………………………………… 119
8.3.2　所得税业务的查账演练 ………………………………………… 120

8.4　利润分配的查账标准与演练 …………………………………………… 121
8.4.1　利润分配的查账标准 …………………………………………… 121
8.4.2　利润分配的查账演练 …………………………………………… 122

第9章　实账演练——对会计报表进行查账　124

9.1　资产负债表的查账标准与演练 ………………………………………… 124
9.1.1　资产负债表的查账标准 ………………………………………… 124
9.1.2　资产负债表的查账演练 ………………………………………… 126

9.2 利润表的查账标准与演练 …… 127
9.2.1 利润表的查账标准 …… 127
9.2.2 利润表的查账演练 …… 129

9.3 现金流量表的查账标准与演练 …… 132
9.3.1 现金流量表的查账标准 …… 132
9.3.2 现金流量表的查账演练 …… 136

9.4 会计报表附注的查账标准与演练 …… 138
9.4.1 会计报表附注的查账标准 …… 138
9.4.2 会计报表附注的查账演练 …… 139

第10章 实账演练——对会计业务进行调账　141

10.1 会计政策变更的调账标准与演练 …… 141
10.1.1 会计政策变更的调账标准 …… 141
10.1.2 会计政策变更的披露标准 …… 141
10.1.3 会计政策变更的调账演练 …… 142

10.2 会计估计变更的调账标准与演练 …… 143
10.2.1 会计估计变更的调账标准 …… 143
10.2.2 会计估计变更的披露标准 …… 143
10.2.3 会计估计变更的调账演练 …… 143

10.3 会计差错更正的调账标准与演练 …… 144
10.3.1 会计差错更正的调账标准 …… 144
10.3.2 会计差错更正的披露标准 …… 145
10.3.3 会计差错更正的调账演练 …… 145

10.4 或有事项的调账标准与演练 …… 145
10.4.1 或有事项的确认标准 …… 145
10.4.2 或有事项的计量标准 …… 146
10.4.3 或有事项的披露标准 …… 146
10.4.4 或有事项的调账演练 …… 147

10.5 资产负债表日后事项的调整标准与演练 …… 147
10.5.1 日后调整事项的调整标准 …… 147
10.5.2 日后非调整事项的披露标准 …… 148
10.5.3 日后事项的调账演练 …… 148

第 1 章 查账实操前需掌握的基础知识准备

1.1 查账组织与人员配备

1.1.1 查账组织形式

查账的组织形式,是根据审查的范围、内容、目的、时间等不同要求,采取相应的形式。常用的查账组织形式有自我检查和专业检查两种。具体如表1-1所示。

表1-1 查账组织形式一览表

形式	细分	说明
自我检查:是发动被查对象自我教育的查账形式	单位自查	由被检查单位自行检查,找出问题
	单位互查	由单位之间相互检查,找出问题
专业检查:是由专业机构组成专业人员对被查对象查账的形式	专门检查	由专业人员对被检查对象有针对性地进行检查
	财税大检查	由财政及税务部门组成的有关人员对被检查对象进行检查
	复查或验收检查	由专业人员对自我检查和专业检查的结果进行核实检查

1.1.2 查账组织设置

企业查账组织的设置应考虑企业的性质、规模、内部治理结构及相关规定,并配备一定数量具有专业素养和任职资格的查账人员。根据企业的性质和规模,可建立临时性的查账组织,根据审查单位和内容类型,选拔专门的查账人员,组成相应的查账组织。

图1-1是某企业的查账组织结构,供读者参考。

图1-1 某企业查账组织结构示例

1.1.3　查账人员配备

为了完成查账任务，就必须依据查账的目的、范围、时限以及查账对象的业务范围等客观需要，配备一定数量和质量的查账人员，合理搭配，分工协作。

1.1.4　查账工作职责

查账人员的具体工作职责如下所述。

① 查账人员负责审查经总经理批准的财务收支计划、销售经营计划、投资计划、固定资产购置计划、资金筹集和使用计划、利润分配的执行情况，发现问题应及时向公司领导反映，并提出改进设想、办法及措施，对计划指标的调整提出意见和建议。

② 查账人员负责审查各项费用开支标准，是否按标准执行，有无超标准、超范围开支。正确核算成本费用，严格划清成本界限。

③ 查账人员负责审查财务部各项规章制度的贯彻执行情况，对违反规定的现象和工作中的疏漏应及时指出，并提出改正意见和建议。

④ 查账人员、财务经理可随时对报表、明细账进行调阅、检查，对数字的真实性、计算的准确性、内容的完整性提出质疑，会计人员应对自己负责的账目清楚明确，据实回答。

⑤ 查账人员负责审核账务处理是否符合会计制度的规定，是否符合公司经营管理的需要，是否能真实、全面地反映公司实际情况。

⑥ 查账人员审核会计人员每月是否对自己负责的科目进行自查、分析。如有入账错误或异常变动，是否及时查找原因，及时调整和更正。

1.2　查账准则与法律规范

1.2.1　查账行为准则

查账人员的行为准则包括独立性、客观性、合法性、公正性和群众性，如表1-2所示。

表1-2　查账行为准则表

行为准则	具体说明
独立性	查账机构、查账组织及行使查账职责的人员应保持相对独立，以保障查账工作的顺利进行和查账职能的充分发挥
客观性	查账必须以真实正确的客观事实为基础，据以作出查账结论，查账过程中不得掺杂任何个人主观意见
合法性	国家政策和法令是查账工作的行动指南，遵循各项法规政策是做好查账工作的前提
公正性	查账时必须兼顾各方利益，公平公正地对待涉及多方利益的问题
群众性	查账工作涉及面广、情况复杂，需要群众基础和群众支持。因此，查账必须深入群众，通过各种形式来了解被查单位的真实情况和线索

1.2.2　查账工作要求

查账不仅要遵循一定的准则，还应符合一定的要求。其中查账的要求主要是对查账人员的要求。查账业务涉及各行各业，接触的问题涉及方方面面，不具备多方面的业务知识，不掌握多种业务技能，是难以胜任查账工作的。

一般来讲，查账人员应具备如下要求。

① 熟悉国家有关的经济政策、财经法规及相关的规章制度。
② 熟悉各种会计理论、会计方法和会计制度。
③ 熟悉经济管理、财务管理知识和相关经济知识。
④ 熟悉必要的查账方法与技巧。
⑤ 熟悉查账工作规范。

1.2.3　查账政策法规

国家政策、法律、法规、规定以及企业的制度规范是查账的基本依据。查账人员在查账过程中会用到的相关的政策法规如下。

(1)《中华人民共和国会计法》

《中华人民共和国会计法》将"保证会计资料的真实性"作为其立法宗旨，将"会计打假"作为会计法约束和惩治的重点对象。因此，应以《中华人民共和国会计法》为依据，联系会计工作实际，有针对性地对企业的会计资料进行查账。

(2)《企业会计准则》

《企业会计准则》对加强和规范企业会计行为，提高企业经营管理水平和会计规范处理，促进企业可持续发展起到指导作用。企业会计准则体系包括基本准则、具体准则和应用指南。基本准则对企业财务会计的一般要求和主要方面做出了原则性的规定，为制定具体准则和会计制度提供依据。基本准则包括总则、会计信息质量要求、财务会计报表要素、会计计量、财务会计报告等内容。

由上述内容可知，《企业会计准则》对查账工作具有指导性意义，查账人员应以准则中的相关规范为标准，审查企业经济活动的正确与否。

(3)《企业内部控制基本规范》

《企业内部控制基本规范》规定，单位应当重视内部控制的监督检查工作，由专门机构或者指定专门人员具体负责内部控制执行情况的监督检查，确保内部控制的贯彻实施。由此可知，该规范是查账人员工作的规范化文本，对查账人员的业务水平具有控制作用。

(4) 企业内部控制制度

企业内部控制制度，是由各企业自行设计，为加强企业内部经营管理同时保护资产的安全和完整而实施的政策和程序。内部控制制度内容包括岗位分工设计、授权审批审计、控制程序设计、控制范围设计以及监督检查设计。

查账人员在审查企业各项经济业务时，应以企业内部控制制度为准则，审查各项经济业务是否违反各项内控制度，是否存在执行不到位等情况。

1.2.4 查账质量控制

查账质量控制是指企业查账组织为确保其查账工作质量符合要求而制定和执行的政策和程序。查账质量控制一般包括查账督导、自我质量控制与外部评价三个方面。

查账督导和评价作用的发挥程度决定于查账工作质量的优劣,而要有满意的查账工作质量,就必须对查账工作的整个过程实行质量控制。查账质量控制对于防范风险,保证查账工作效果,促进企业查账人员提高业务能力,充分发挥查账的功能作用。

1.3 查账工作与组织关系

1.3.1 查账与管理层的关系

企业的查账组织应接受董事会或最高管理层的领导,保持与董事会或最高管理层的良好关系,协助董事会或最高管理层履行职责,实现董事会或最高管理层与查账工作在企业治理中的协同作用。

企业查账组织与董事会或最高管理层包括图1-2所示的三个层次的关系。

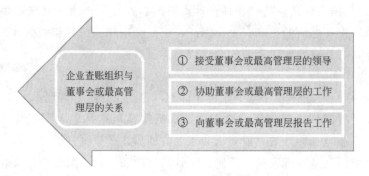

图1-2 企业查账组织与董事会或最高管理层的关系

1.3.2 查账与治理层的关系

治理层是指对被审查单位战略方向及管理层履行经营管理责任负有监督责任的人员或组织,治理层的责任包括对财务报告过程的监督。监事会的主要职责是对企业财务及企业董事、经理的行为进行监督。因此,一般认为监事会属于治理层。

查账既是企业治理的一部分,又是治理有效性审计的重要手段。查账在企业治理中的作用包括以下三个方面。

① 监督、评价和分析企业经济活动的风险与各项控制。
② 复核并证实信息可靠并符合相关政策、程序与法律。
③ 协助管理者向董事会和执行管理机构提供风险防范及治理有效的保证。

1.3.3 查账与内部控制的关系

查账是指以国家政策、法律法规以及企业的制度规范为依据,运用一定技术方法、经验和技巧，对单位经济信息资料，主要是企业会计账目进行审查、验证、分析、查对的过程。它主要是对内部控制的有效性、财务信息的真实性和完整性以及经营活动的效率和效果所开展的一种评价活动，并实施内部监督，为企业内部管理服务。

内部控制是指企业为了保证业务活动的有效进行和资产的安全完整，防止、发现和纠正错误与舞弊，保证会计资料的真实、合法、完整而制定和实施的政策、措施及程序。

查账与内部控制二者具有以下四种关系。

① 内部控制是查账的前提。
② 内部控制影响查账的方法，促进查账工作的效率和质量。
③ 查账对内部控制进行再控制。
④ 二者相辅相成。

1.3.4　查账与内部审计的关系

查账和企业内部审计所包含的内容并不完全相同。

查账，是通过对账簿、凭证及有关资料的检查，查核企业会计资料所反映的经济活动是否真实、合法，有无经济违法行为的一项检查活动。

内部审计是指由独立的专门机构或人员接受委托或根据授权，对国家行政、事业单位和企业单位及其他经济组织的会计报表和其他资料及其所反映的经济活动进行审查并发表审计意见。

由此可见，查账和审计是两个不同的概念，但两者之间有着密切的联系：查账是内审的部分内容，没有查账这一基础而又重要的工作环节就无权对会计报表发表审计意见，可以说查账构成了内审工作的主体内容，两者的关系可以用图1-3说明。

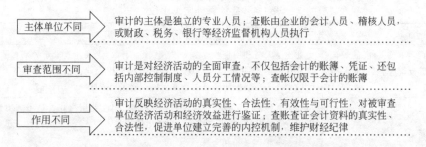

图1-3　查账与内审的区别

1.4　查账工作方法与步骤

1.4.1　错弊甄别方法

（1）会计错弊

会计错弊是指在会计工作中发生的会计差错或舞弊行为，包括会计错误和会计舞弊。

① 会计错误。指在会计核算中存在的非故意的过失。

常见的会计错误类型包括表 1-3 所示的三种。

表 1-3 常见的会计错误类型

错误类型	具体说明
原始数据和会计数据错误	• 操作性错误：计算器按错键、眼误，如将 396 看成 369 导致笔误 • 技术性错误：凭证填错、借贷方向记反、小数点错位、红笔运用不当 • 习惯性错误：数码字写得不规范，如将"7"写近似"1"等
对事实的疏忽和误解而造成的错误	如在编制资产负债表时，由于理解偏差，填列"预收账款"项目时，直接根据"预收账款"账户所属明细账贷方余额合计填列，而不是根据"预收账款""应收账款"两个账户所属明细账贷方余额合计填列
对会计政策的误用而导致的错误	如对计提坏账准备计算方法理解不对导致计算错误

② 会计舞弊。指故意的、有目的的、有预谋的、有针对性的财务造假和欺骗行为。常见的会计舞弊类型包括图 1-4 所示的五种。

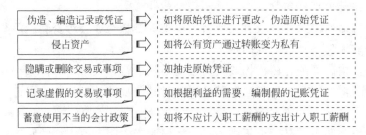

图 1-4 常见的会计舞弊类型

会计舞弊的常见手段，一般有表 1-4 所示的六种。

表 1-4 会计舞弊常见手段

手段	说明
利用企业内部控制制度的缺陷和薄弱环节进行舞弊，以满足私欲的目的	如出纳人员利用企业空白支票、财务专用章、法人印鉴未予分离保管的弊端，私自开具支票、挪用公款；经费报销核算人员利用企业报销审批制度不严密，而将自己的个人消费票据随同有关业务支出一起报销入账
拉拢掌握与自己职责不相容的人员串通舞弊	如存货核算人员拉拢仓库保管人员侵吞存货；费用核算人员串通出纳人员虚列费用侵吞公款等；收入核算人员串通出纳将收入不入账，支出核算人员串通出纳将支出多入账予以私分等
隐匿或套改凭证	如出纳人员隐匿收款单据侵吞公款，经费报销人员篡改单据多报费用私吞，企业为隐瞒收入而隐匿销货发票或开具"大头小尾"的发票等
虚构业务	如上市公司为骗取上市资格虚构收入、少计费用；为套取现金而虚构预借差旅费；出纳为侵吞现金而虚构支出等
利用一些跨期摊提类会计科目进行舞弊	为了调节利润，而多摊、少摊"长期待摊费用"，或多提、少提"应付利息"等账户；为隐瞒现金收入而利用应收应付等往来科目来倒账
利用计算机舞弊	不法分子通过盗用企业计算机密码、暗藏计算机程序、扰乱计算机命令等方法使计算机财务系统生成一套"假账"

(2) 会计舞弊甄别思路

甄别会计舞弊可以从纵向思路、横向思路和基本思路出发，从而使查账工作更有效率。

① 纵向思路。即明确产生假账的环节，包括填制原始凭证环节、交接凭证环节、填写记账凭证环节、登账环节、编制报表环节。具体说明如图 1-5 所示。

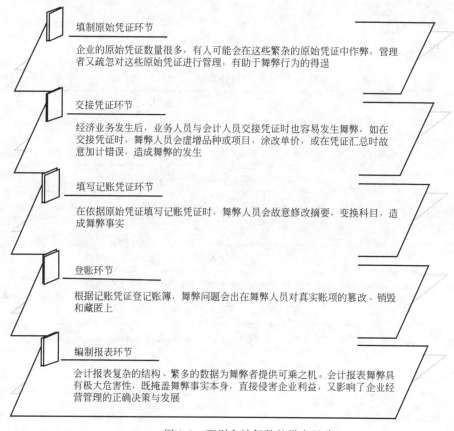

图 1-5 甄别会计舞弊的纵向思路

② 横向思路。即用横向思路来分析会计舞弊问题，分析会计信息的若干构成要件，包括异常数据、异常内容和异常科目。具体如表 1-5 所示。

表 1-5 甄别会计舞弊的横向思路

分析内容	具体说明
异常数据	企业任何一项业务支出都有一个大致范围，如公司每月的办公费用为 2 000 至 4 000 元，销售费用为 7 000 至 9 000 元，各项支出一般在这个范围内波动，如果发现某一项支出在本期突然增加，就应引起高度重视
异常内容	企业在开展业务时，在被许可的经营范围内会有较稳定的往来客户，如公司原材料的供应商、公司产品的购买商等。当出现异常客户、异常地点和异常业务时，我们要对这些异常内容给予重视
异常科目	企业记账时要遵循科目对应原则，如"产成品"科目对应"生产成本"科目和"产品销售成本"科目。如发现了不对应的会计科目，我们就应查找这种错误产生的原因，分析是失误还是故意舞弊

③ 基本思路。甄别会计舞弊的基本思路如图 1-6 所示。

阅读、审核、审对会计资料，发现异常疑点 → 找出证据，证明疑点 → 发现问题 → 账务纠正

图 1-6 甄别会计舞弊的基本思路图示

1.4.2 查账分类方法

查账,按照不同的划分标准,可分为很多种类,具体说明如表 1-6 所示。

表 1-6 查账具体分类

划分标准	具体类型	说明
按检查内容的范围划分	全面检查	是对检查对象的有关资料进行详尽地核实,完整、系统地检查
	专题检查	是对检查对象的有关问题有针对性地进行检查
	部分抽查	是对检查对象的有关资料抽取一部分进行核实检查
按实施检查的时间要求划分	定期检查	是对检查对象按规定的时间进行检查
	不定期检查	是对检查对象不固定的,任意时间的检查
按查账的主体不同划分	政府检查	由政府有关机构组成专业人员对被检查对象进行的检查
	民间检查	由社会执业机构及有关人员对被检查对象进行的检查
	单位内部检查	由单位组成有关人员对本单位进行自我检查
按检查的对象划分	会计资料检查	是对被检查对象的会计凭证、账簿、报表等进行的检查
	财产清查	是对被审查对象的实物进行的检查

1.4.3 查账基本方法

查账方法是指为完整查账任务,达到查账目的,所采用的各种专业技术和手段。

(1) 选择查账方法的原则

查账的方法有很多,不同的查账目的和要求所需要的查账方法各不相同。每一种方法都有其特定的目的和适应范围。因此,在选择查账方法时,应遵循图 1-7 所示的三项原则。

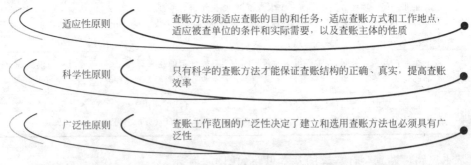

图 1-7 选择查账方法的原则

(2) 查账方法体系设计

查账方法体系如图 1-8 所示。

(3) 查账的基本方法

下面主要介绍常用的顺查法、逆查法、详查法以及抽查法。具体如表 1-7 所示。

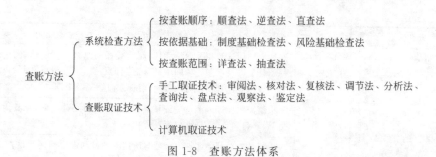

图 1-8 查账方法体系

表 1-7 查账的基本方法说明表

方法	步骤	优点	缺点	适用情况
顺查法	①审查原始凭证所反映的经济业务的真实性、正确性、合法性 ②核对审查记账凭证是否与原始凭证一致，即账证核对 ③核对、审查账簿，查明所有记账凭证是否正确、及时登账，总账与明细账是否相符，即账证核对、账账核对	按业务处理顺序逐一核对，依次审查，便于理解，操作简单；审查结果能够做到全面、系统和准确	机械、费时费力，不易抓住重点，同时也不便于系统研究各类业务，分散了查账的注意力，不便于分工和了解个别会计事项与其项目整体间的联系	适用于管理及会计工作较乱的单位，对业务量较少的单位及重要的查账项目也适用
逆查法	①通过报表分析，揭示经济活动薄弱环节及反常现象，发现疑点 ②有针对性地查对相关账户 ③核对记账凭证 ④有针对性地查对相关账户	可避免不必要的全面审查，主攻方向明确，能节约一定的人力、物力，提高审查效率，同时便于合理分工和系统审查	容易遗漏重大问题	适用于财务查账、效益查账、经济责任查账、查账调查等
详查法	①搜集会计资料及其他经济资料 ②确定审查期间 ③做全面详细的审查	审查结果全面、准确，检查较彻底，能保证审查质量	需投入大量人力、财力和物力，耗费时间长且不易抓住重点	适用于经济业务较少、会计核算简单的企业
抽查法	①确定审查样本 ②搜集会计资料及其他资料 ③进行样本审查 ④根据审查结果推断总体情况	能避免详查法的繁重工作，节约人力、物力、财力和时间，提高效率	若抽样不合理或缺乏代表性，会出现以偏概全的错误，影响审查结果的准确性	适用于内部控制制度较健全、会计记录工作较扎实的企业

（4）查账的技术方法

查账的技术方法即查账取证技术，即为了搜集证据而采取的各种具体措施和手段。取证技术可根据查账工具和其适用的信息系统分为手工取证技术和计算机取证技术。此处，我们只详细介绍手工取证技术。具体说明如表 1-8 所示。

表 1-8 手工查账取证技术说明表

查账技术	具体说明		查账方法
审阅法	通过观察阅读书面资料，审查资料本身及其反映的经济活动是否真实、合法、合理	形式审查	主要审阅资料是否完整，种类格式是否合乎规定，项目填列是否齐全，手续是否完善，相关资料口径是否一致，数据是否衔接，编号是否连续等
		内容审查	主要审阅资料所反映经济活动是否真实，是否符合国家有关法律、法规，业务处理是否符合会计准则和会计制度规定等

续表

查账技术	具体说明	查账方法	
核对法	将两种或两种以上的相关资料相互对照或交叉对照,来验证各种会计资料是否相符,其内容是否一致,计算是否准确	证证核对	即原始凭证与相关原始凭证、原始凭证同原始凭证汇总表、记账凭证同原始凭证以及记账凭证同中凭证之间的核算,主要根据其所列要素,核对其内容、数量、日期、单价、金额、借贷方向等是否相符
		账证核对	根据记账凭证或汇总凭证核对总分类账、明细分类账,看其内容、日期、金额、科目名称、借贷方向等是否相符
		账账核对	主要核对总分类账期末余额与所属明细账期末余额之和是否相等,总分类账本期发生额、期初余额与其所属明细分类账本期发生额之和、期初余额之和是否分别相等,财会部门财产物资明细账与财产物资保管人员明细账是否相符,以及将总分类账与明细分类账、日记账有关记录核对
		账实核对	监督盘点实物资产并与账面余额相核对,看是否相符
		账表核对	核对总分类账、明细分类账与各报表相关项目数据是否一致
		表表核对	核对不同报表中具有勾稽关系的项目,看是否一致
复核法	指查账人员通过重新计算有关数据指标,以验证其是否正确可靠		
调节法	指以一定时点的数据为基础,结合某些已经发生的正常业务而应增应减的因素,将其调整为所需要的数据,从而验证被查事项是否正确		
盘点法	指通过对被查单位财产物资进行清点、计量,证实账面所反映的财物是否确实存在	直接盘点	指查账人员通过亲自盘点来验证账面反映的有关财务数据是否存在、是否完整
		监督盘点	是在审计人员的监督下,由被审单位有关人员对财产物资进行盘点,必要时,查账人员可以进行复点
查询法	指查账人员对审查过程中发现的疑点和问题,通过调查和询问被查单位的相关人员,弄清事实真相,取得审查证据	面询	由查账人员向被查单位有关人员当面征询意见,核实情况,面询结果应由查账人员和被问人在询问记录上签字确认,明确责任
		函询	指查账人员通过向有关单位发函来了解情况,取得证据。运用函询法需注意应亲自办理函件的封口、投递、复函的接收等,以防被查单位人员或其他人员篡改
观察法	指对被查单位的生产经营管理工作、财产物资的保管情况、内部控制制度的执行情况等进行实地观察,以发现问题和线索		
鉴定法	指对某些查账事项的检查所需要的技能超出了查账人员的业务能力,需聘请专业人员运用专业方法进行检测以获取查账证据		
分析法	指通过对被查项目有关内容的对比与分析,从中找出项目之间差异及各项目的构成因素,以揭示其中是否有问题,从而为进一步查账提供线索	账户分析法	是对总分类账、明细分类账、日记账及备查账中的摘要、结余额、发生额、入账时间、账龄及对应关系等进行分析,以判断其账户记录及其所反映的经济活动是否正确、可靠
		报表分析法	指对报表中相关项目进行对比分析,包括对绝对数和相对数的比较分析,从而判断报表编制是否存在问题,证实和评价报表所反映的财务状况、经营成果及现金流量变动情况

1.4.4 图解查账步骤

会计查账工作的全过程分为查前准备、查账实施、查账终结三个步骤。具体如图1-9所示。

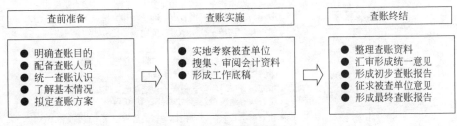

图1-9 查账步骤图示

图1-9的具体说明如下。

（1）查账前准备工作

查账前的准备工作，是指在接受查账任务后，为使查账的实施能有计划、有目的、全面深入、突出重点地以最快速度弄清情况，查明问题，在查账实施前，所做的一系列准备工作。具体内容如表1-9所示。

表1-9 查账前的准备工作内容

准备工作内容	具体说明
弄清查账目的、范围和期限	即弄清为什么查账,通过查账达到什么目的;查哪些会计资料和查账的时限
配备查账人员	根据查账目的、范围、时限及查账对象的业务范围等,配备一定数量和质量的查账人员,合理搭配,分工协作
学习相关政策法规	在实施查账前,应根据查账人员的情况和查账对象的特点,学习相关政策法规,以提高查账人员的业务素质。确保查账工作的顺利进行并保证查账质量
搜集分析有关资料	①根据过去执行财经纪律的情况,以及今年历次财税检查、审查中存在的问题,结合被审查单位生产经营或业务开展情况,研究分析可能存在的问题 ②对各项财务成本指标,分别与预算、前期实际和同类单位同口径对比分析、分组分析,研究分析其可能存在问题的方面,研究分析可能存在的问题 ③综合上述两项分析,初步确定存在的问题和时段,提出查账重点
了解查账对象的基本情况	一般应了解以下情况： ①生产经营情况:如产品结构、生产经营规模、进销渠道、购销方式等 ②会计工作组织形式:即弄清单位内部各部门及会计机构内部在会计核算上的关系 ③会计核算组织形式:即弄清原始凭证组织、记账凭证组织、账簿组织和会计报表组织按照一定程序互相联结的方式 ④财会人员的配备和素质:通常来讲,财会人员配备足额、品德较好、业务素质较高的单位,财务较清晰,问题较少;相反,财务管理与财务处理较乱,问题可能较多 ⑤过去是否接受过检查,检查结果如何:一般来说,经过检查,且改进较好的单位问题较少;问题常查常犯的单位,往往问题仍然存在
拟订查账计划	即为完成查账任务而拟定的工作安排和完成要求,如查账实施过程中发生变化,需要调整查账计划的,要充分研究,并做出记录

(2) 查账的具体实施

在做好充分地准备之后，就以查账计划为依据，进入查账阶段，开展查账工作。查账的具体实施步骤如图 1-10 所示。

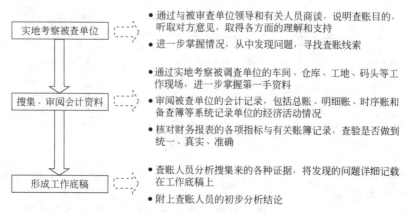

图 1-10　查账的具体实施步骤

(3) 查账的终结

查账的终结工作即收尾工作，其工作内容包括表 1-10 所示的五项。

表 1-10　查账收尾工作内容说明表

收尾工作内容		操作详情
整理资料、归类汇总	整理查账工作底稿	应对查账工作底稿进行查验，看查账工作所收集的证据材料是否揭示了被查事项的基本情况，是否达到预期的查账目标
	将查账工作底稿分项汇总	归纳汇总方式，可以用文字依次叙述，可以用表格的形式按问题分类分项表述，并辅以必要的文字简述
	检查查账计划是否全部完成	对照查账计划，检查计划的完成情况，所有问题是否全部查实，若发现遗漏或疏忽，应抓紧补上
集体汇审，初步定案	将审查结果达成共识	查账资料汇总后，应将所有问题的性质、案情、数据、处理意见等在查账人员内部逐项集体研究，达成共识
	汇审查账资料	汇审时，可请单位主管领导、部门负责人、政策咨询人员参加，以保证处理意见的准确与合理
召开被查单位座谈会	汇报查账情况	肯定被查单位成绩与经验，指出存在的问题和不足，提出处理意见与整改建议
	听取意见并定案	听取被查单位对查账工作和结果的意见，对提出异议的问题，应与其仔细核对，逐项落实定案
编写查账报告		查账报告的内容有：被查单位的基本情况；查账的目的、要求和范围；实施查账的情况和方法；查出的问题和性质；处理意见；被查单位经济活动情况的评价和建议
督促调账、催缴款项、指导整改		通过督促调账、催缴款项、指导整改实现查账的最终目标，即帮助被查单位提高法制观念，纠正存在的问题，改善经营管理

第 2 章

通过企业内控提高查账效率的方法

2.1 认知企业内控

企业内部控制是指企业为了实现其经营目标，保护资产的安全完整，保证会计信息资料的正确可靠，确保经营方针的贯彻执行，保证经营活动的经济、高效，而在企业内部采取的自我调节、约束、规划、评价和控制的程序、制度和措施的总称。

2.1.1 内部控制类型

企业内部控制的类型分为经济业务控制和非经济业务控制。

经济业务控制是指企业为了保证会计信息质量，保护资产的安全、完整，确保有关法律法规和规章制度的贯彻执行等，而制定和实施的一系列控制方法、措施和程序。

非经济业务控制是指那些对会计业务、会计记录和会计报表的可靠性没有直接影响的内部控制，是企业为了保证生产经营程序、有效进行所采取的方法、程序和措施，如内部人事管理、技术管理等。非经济业务控制的目的是提高经营效率，促使有关人员遵守既定的管理方针。

2.1.2 内部控制目标

企业内部控制的目标，如图 2-1 所示。

- ◎ 建立和完善符合现代管理要求的内部组织结构，形成科学的决策机制、执行机制和监管机制，确保企业经营管理目标的实现
- ◎ 建立行之有效的风险控制系统，强化风险管理，确保单位各项业务活动的健康运行
- ◎ 堵塞漏洞，消除隐患，防止并及时发现和纠正各种欺诈、舞弊行为，保护单位财产的安全、完整
- ◎ 规范企业会计行为，保证会计资料真实、完整，提高会计信息质量
- ◎ 确保国家有关法律法规和单位内部规章制度的贯彻执行

图 2-1 企业内部控制目标

2.1.3 内部控制要素

企业内部控制的基本要素包括内部环境、风险评估、控制措施、信息与沟通及监督检查等,具体的要素说明如表 2-1 所示。

表 2-1 企业内部控制要素

内部控制要素	具体说明
内部环境	①内部环境,是影响、制约企业内部控制制度建立与执行的各种内部因素的总称,是实施内部控制的基础 ②主要包括治理结构、组织机构设置与权责分配、企业文化、人力资源政策、内部审计机制、反舞弊机制等内容
风险评估	①风险评估是及时识别、科学分析影响企业战略和经营管理目标实现的各种不确定因素并采取应对策略的过程,是实施内部控制的重要环节和内容 ②风险评估主要包括目标设定、风险识别、风险分析和风险应对
控制措施	①控制措施是根据风险评估结果,结合风险应对策略所采取的确保企业内部控制目标得以实现的方法和手段,是实施内部控制的具体方式和载体 ②控制措施结合企业具体业务和事项的特点与要求制定,主要包括职责分工、授权、审核、批准、预算、财产保护、会计系统、经济活动分析和绩效考评等
信息与沟通	①信息与沟通,是及时、准确、完整地收集与企业经营管理有关的各种信息,并使这些信息以适当的方式在企业有关层级之间进行及时传递、有效沟通和正确应用的过程,是实施内部控制的重要条件 ②信息与沟通主要包括信息的收集机制及在企业内部和与企业外部有关方面进行沟通的机制
监督检查	①监督检查,是企业对其内部控制制度的健全性、合理性和有效性进行监督检查与评估,形成书面报告并作出相应处理的过程,是实施内部控制的重要保证 ②监督检查主要包括对建立并执行内部控制制度的整体情况进行持续性监督检查,对内部控制的某一方面或者某些方面进行专项监督检查,以及提交相应的检查报告、提出有针对性的改进措施等

2.1.4 内部控制任务

企业内部控制的任务主要包括对货币资金、实物资产、采购业务、销售业务、筹资活动、对外投资、成本费用、工程项目、担保行为等经济业务活动的控制。控制业务的具体说明如表 2-2 所示。

表 2-2 企业内部控制任务一览表

控制内容	具体说明
货币资金	①企业应对货币资金收支和保管业务建立严格的授权批准程序,相关机构和人员应当相互制约,加强款项收付的稽核,确保货币资金的安全 ②货币资金内部控制包括现金管理、银行存款与支票管理、印章管理、其他货币资金管理和监督检查等内容
实物资产	①企业应建立实物资产管理的岗位责任制度,对实物资产的验收入库、领用发出、保管等关键环节进行控制,防止各种实物资产的被盗、毁损和流失 ②实物资产内部控制包括实物资产的取得、使用、处置和期末计价控制等内容
采购业务	①企业应合理规划采购与付款业务的机构和岗位,建立和完善采购与付款控制程序,强化对请购、审批、采购、验收、付款等环节的控制,做到采购决策透明,堵住采购环节的漏洞 ②采购业务内部控制包括采购计划管理控制、申请与审批控制、采购业务实施过程控制、验收入库控制、款项支付控制和账务处理控制等内容

续表

控制内容	具体说明
销售业务	①企业应制定合适的销售政策,明确定价原则、收款方式以及设计销售业务的机构和人员的职责权限等相关内容,强化对商品发出和账款回收的管理,避免或减少坏账损失 ②销售业务内部控制包括销售预算控制、接受订单控制、开单发货控制和收款控制等内容
筹资活动	①企业应加强对筹资业务的管理,合理确定筹资规模和筹资结构。选择恰当的筹资方式,严格控制财务风险,降低成本,确保筹集资金的合理使用 ②筹资活动内部控制包括筹资计划和审批的内部控制、筹资合同或筹资协议的内部控制、债券和股票发行的内部控制、债券和股票保管的内部控制、利息或股利支付发放的内部控制、筹集资金使用的内部控制、会计核算控制、筹资业务监督检查等内容
对外投资	①企业应建立科学的对外投资决策程序,实行重大投资决策的责任制度,加强投资项目各环节的管理,严格控制投资风险 ②投资活动内部控制包括投资预算、投资计划、可行性研究报告、投资取得、投资保管与变动、投资收益与分配、风险分析控制等内容
成本费用	①企业应建立成本费用控制系统,做好成本费用的各项基础工作。制定成本费用标准,考核成本费用指标的完成情况,落实奖惩措施,降低成本费用,提高经济效益 ②成本费用内部控制包括成本费用预测与预算、成本费用发生、成本费用核算与分析控制等内容
工程项目	①企业应建立科学的工程项目决策程序,明确相关机构和人员的职责权限,建立工程项目投资决策的责任制度,加强工程项目各环节的管理,防范工程中的舞弊行为 ②工程项目内部控制包括项目决策、项目勘察设计、项目概预算、项目招标、工程造价、竣工验收与结算、款项支付控制等内容
担保行为	①企业应严格控制担保行为,建立担保决策程序和责任制度,明确担保原则,防范潜在风险,避免和减少可能发生的损失 ②担保内部控制包括担保业务受理、调查评估、审核批准、担保执行、风险分析控制等内容

2.2 掌握内控方法

企业内部控制的基本方法主要包括:不相容职务分离控制、授权审批控制、会计系统控制、财产保护控制和预算控制。

2.2.1 不相容职务分离控制

不相容职务是指在经济业务处理过程中,一人办理容易产生漏洞和弊端的两项或两项以上的职务。

(1) 基本要求

不相容职务相分离的核心是内部牵制,它要求每项经济业务都要经过两个或两个以上的部门或人员处理,使得单个人或部门的工作须与其他人或部门的工作相一致或相联系,并受其监督和制约。

不相容职务相分离控制的基本要求包括图2-2所示的三点。

(2) 基本内容

《企业内部控制基本规范》第二十九条规定:"不相容职务分离控制要求企业全面系统地

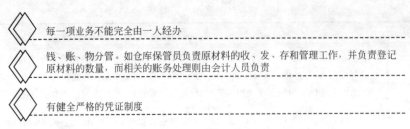

图 2-2 不相容职务相分离控制的基本要求

分析、梳理业务流程中所涉及的不相容职务,实施相应的分离措施,形成各司其职、各负其责、相互制约的工作机制。"

不相容职务分离控制内容主要包括图 2-3 所示的六点。

图 2-3 不相容职务分离控制内容

2.2.2 授权审批控制

授权审批控制是指在职务分工控制的基础上,由企业权力机构或上级管理者明确规定有关业务经办人员的职责范围和业务处理权限与责任,使所有的业务经办人员在办理每项经济业务时都能事先得到适当的授权,并在授权范围内办理有关经济业务,承担相应的经济责任和法律责任。

(1) 基本要求

授权审批控制要求规定各级管理人员的职责范围和业务处理权限,其基本要求包括图 2-4 所示的三点。

(2) 基本内容

《企业内部控制基本规范》第三十条规定:"授权审批控制要求企业根据常规授权和特别授权的规定,明确各岗位办理业务和事项的权限范围、审批程序和相应责任。"

按照上述规定,授权审批控制应明确图 2-5 所示的三点内容。

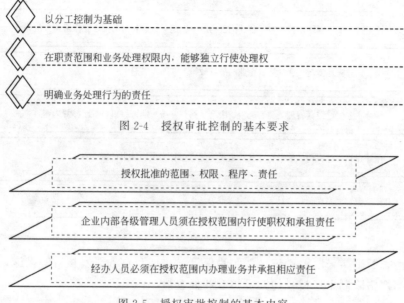

图 2-4　授权审批控制的基本要求

图 2-5　授权审批控制的基本内容

2.2.3　会计系统控制

会计系统控制是指企业依据《中华人民共和国会计法》、国家统一的会计制度，通过制定适合本企业的会计制度，确保会计信息质量的行为。

（1）基本要求

会计系统控制应当符合图 2-6 所示的三项要求。

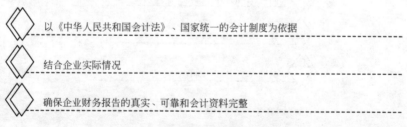

图 2-6　会计系统控制的基本要求

（2）基本内容

《企业内部控制基本规范》第三十一条规定："会计系统控制要求企业严格执行国家统一的会计准则制度，加强会计基础工作，明确会计凭证、会计账簿和财务会计报告的处理程序，保证会计资料真实完整。"

会计系统控制的基本内容包括图 2-7 所示的五点。

2.2.4　财产保护控制

财产保护控制包括对实物的采购、保管、发货及销售等各个环节进行控制。

（1）基本要求

《企业内部控制基本规范》第三十二条规定："财产保护控制要求企业建立财产日常管理

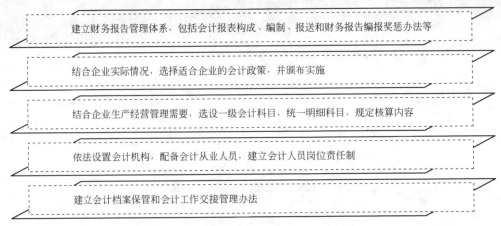

图 2-7 会计系统控制的基本内容

制度和定期清查制度,采取财产记录、实物保管、定期盘点、账实核对等措施,确保财产安全。企业应当严格限制未经授权的人员接触和处置财产。"

(2) 基本内容

财产保护控制的基本内容包括图 2-8 所示的五点。

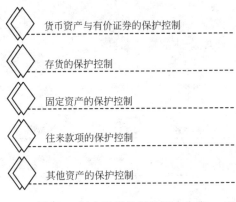

图 2-8 财产保护控制的基本内容

2.2.5 预算控制

预算控制又称"全面预算控制",是内部控制的重要方法,其内容涵盖企业经营活动的全过程,包括筹资、融资、采购、生产、销售、投资和管理等诸多方面。

(1) 基本要求

《企业内部控制基本规范》第三十三条规定:"预算控制要求企业实施全面预算管理制度,明确各责任单位在预算管理中的职责权限,规定预算的编制、审定、下达和执行程序,强化预算约束。"其基本要求包括图 2-9 所示的三项内容。

(2) 基本内容

企业预算控制的基本内容包括经营预算控制、投资预算控制和财务预算控制,具体说明如表 2-3 所示。

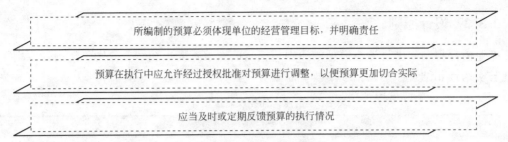

所编制的预算必须体现单位的经营管理目标,并明确责任

预算在执行中应允许经过授权批准对预算进行调整,以便预算更加切合实际

应当及时或定期反馈预算的执行情况

图 2-9　预算控制基本要求

表 2-3　企业预算控制的基本内容

基本内容	具体说明
经营预算控制	指企业日常发生的各项生产经营活动的预算,具体包括销售预算、生产预算、直接材料采购预算、直接人工预算、制造费用预算、单位生产成本预算、推销及管理费用预算等内容
投资预算控制	指企业的固定资产的购置、扩建、改造、更新等,在可行性研究的基础上编制的预算。具体反映在何时进行投资、投资多少、资金从何处取得、何时可获得收益、每年的现金流量为多少、需要多长时间回收全部投资等内容
财务预算控制	指企业在计划期内反映有预计现金收支、经营成果和财务状况的预算。具体包括现金预算、预算收益表和预计资产负债表等内容

2.3　内控制度设计

2.3.1　设计内容

内部控制制度设计的基本内容包括岗位分工设计、授权审批审计、控制程序设计、控制范围设计以及监督检查设计,具体说明如表 2-4 所示。

表 2-4　内部控制制度设计的基本内容

基本内容	具体说明
岗位分工设计	建立岗位责任制,明确相关部门和岗位必须相互分离、制约和监督。如出纳人员不得兼任稽核、会计档案保管,以及收入支出费用、债权债务账目的登记工作
授权审批审计	授权审批控制由企业根据其组织结构、规模大小等实际情况确定。在确定授权审批权限时,必须坚持可控性原则,即授权审批人员必须能够对其审批权限内的经济业务具有管控权
控制程序设计	内部控制程序的设计应充分发挥会计的监督职能,使企业发生的各项财务收支按照规定的程序进行审批和进行账务处理。在设计审批制度时,各项财务收支业务须经过会计人员审核后再报有权批人员审批,不经过这一环节,内部会计监督就起不到作用
控制范围设计	在设计各项业务内部控制制度时,要包含业务发生前的计划控制、业务发生时的过程控制和业务活动结果的控制,要体现各对象业务的真实性、合法性和合理性的控制
监督检查制度设计	在设计内部控制制度时应建立定期检查制度,定期检查制度包括: ①检查相关业务岗位及人员设置,有没有做到岗位分工控制 ②检查授权批准制度的执行,有没有明确的授权批准方式、权限、程序、责任和相关控制措施 ③检查有关款项的管理情况,是否设有收款控制和付款控制环节 ④检查有关单据、凭证和文件的使用和保管情况,有没有明确各种票据的购买、保管、领用、背书转让、注销等环节的职责权限和程序

2.3.2 设计原则

企业内部控制制度设计应遵循的原则包括全面性与重要性相结合原则、制衡性原则、合法性与实用性相结合原则以及成本效益原则等,具体说明如表2-5所示。

表 2-5 企业内部控制制度设计原则

设计原则	具体说明
全面性与重要性相结合原则	内部控制应当贯穿决策、执行和监督全过程,覆盖企业及其所属单位的各种业务和事项。全面性原则要求内部控制是全方位的控制,即全过程、全员、全要素的控制: ①全过程控制,即从资源利用角度,应建立人力资源控制系统、物力资源控制系统、财力资源控制系统、信息资源控制系统;从经营环节角度,应具有供应环节控制、生产环节控制和销售环节控制等 ②全员的控制,即内部各机构、各经办人员等每一个需要控制的地方都建立控制环节,进行科学的分工与互相牵制,推行职务不兼容制度,杜绝高层管理人员的交叉任职 ③全要素的控制,如产品成本的控制应当包括对直接材料费、直接人工费、制造费用等所有成本项目的控制
制衡性原则	①内部控制制度的基本要求是不相容必须分离。企业应在治理结构、机构设置及权责分配、业务流程等方面形成相互制约、相互监督的机制,同时兼顾营运效率 ②如记账人员与经济业务事项和会计事项的审批人员、经办人员、财物保管人员的职责权限应当明确,并相互分离,相互制约等
合法性与实用性相结合原则	①内部控制应当与企业经营规模、业务范围、竞争状况和风险水平等相适应,并随着情况的变化及时加以调整 ②企业内部控制应符合国家法律法规和企业的实际情况,应当符合《中华人民共和国会计法》、《企业会计准则》、《企业内部控制基本规范》及其他相关法律法规 ③在制度设计时,必须与企业经营规模、业务范围、竞争状况和风险水平等相适应,使制度具有可操作性,并随着情况的变化及时加以调整
成本效益原则	①企业内部控制应当遵循成本效益原则,以合理地控制成本,达到最佳的控制效益 ②企业建立内部控制的目的体现在能够有效地防范舞弊,提高效率和效益 ③实行内部控制制度本身就是通过完善的内部控制,降低成本和减少认为因素,最大限度地提高单位的经济效益

2.3.3 设计程序

内部控制制度的设计程序一般应遵循研究、拟订、试行和修改四个步骤,具体说明如图2-10所示。

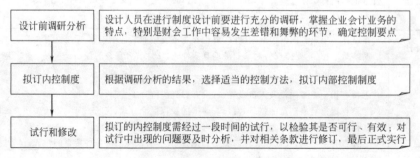

图 2-10 内部控制制度的设计程序

2.3.4 注意事项

为了使内部控制制度能够起到作用,在进行内部控制制度设计时,需要注意表2-6所示的五点注意事项。

表2-6 内部控制制度设计的注意事项

注意事项	具体说明
设计目标要明确	企业在内部控制制度时,如果忽视目标定位,可能会出现设计目标不集中、思路不清晰等问题。具体变现如下。 ①过于关注具体目标而忽视内部制度设计应当服务于企业发展的战略目标 ②在企业战略目标调整、业务模式改变后,内部控制程序不能跟上企业变革的步伐 ③内部控制制度侧重查舞弊、防风险,忽视财务报告和管理信息的真实、可靠和完整,可能忽略高级管理人员虚构业绩、隐瞒利润或偷逃税款,容忍甚至授意、指使会计造假的行为,使内部控制流于形式
关键控制点要准确	①企业内部控制制度的设计,在层次上应涵盖董事会、管理层和全体员工,在对象上应涉及各项经济业务和管理活动,在流程上应渗透决策、执行、监督、反馈等各个环节 ②选准关键控制点是制定内部控制制度的核心,只有抓住关键控制点,才能有效避免内部控制真空化
成本效益要统一	内部控制制度设计需讲求控制效率和效果,要合理权衡成本和效益的关系,避免如下两个极端: ①成本节省偏好,即使对重要业务与事项、高风险业务领域,也不舍得投入必要的控制成本 ②苛求控制效益,设计的控制程序繁琐,管理刚性,缺少必要的变通,执行难度大、效率差
制度设计要体现个性化	不同企业之间因所有制形式、组织形式、行业特点、经营模式、业务规模、企业文化等方面的差别,在实施内部会计控制时也有不同的要求,因此,要具有个性化差异,不能照搬照抄
制度设计要适应企业发展	企业的内部控制制度也要与时俱进,要随着外部环境的变化、经营业务的调整、管理要求的提高而改进和完善,使企业在新情况、新问题面前有应对措施

2.4 监督与检查

2.4.1 监督检查职责

企业应重视内部控制的监督检查工作,由专门机构或指定专门人员负责内部控制执行情况的监督检查,确保内部控制实施。内部控制制度进行监督的职责包括图2-11所示的三项。

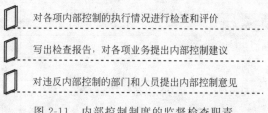

图2-11 内部控制制度的监督检查职责

2.4.2 外包评价规范

企业还可以聘请中介机构对本单位内部控制的建立健全及实施情况进行评价。接受委托的中介机构应当对委托单位内部控制中的重大缺陷提出书面报告。

2.5 测试与评价

2.5.1 内容

内部控制制度的测试和评价一般包括两方面内容：第一，测试内控制度是否合理、适当，能否防止或发现并纠正会计错弊；第二，测试公司的内部控制制度是否实际充分发挥其有效性以及发挥效果如何。

2.5.2 方法

对内部控制制度的测试和评价一般可采用调查表法、文字记述法和流程图法等。

（1）调查表法

调查表法，是指将那些与保证会计记录的正确性与可靠性以及与保证资产的完整性有密切关系的事项列作调查对象，并设计好调查表，交由企业有关人员填写或由查账人员根据调查的结果自行填写。

表 2-7 是××公司仓储部门的生产与存货循环内部控制调查表，供读者参考。

表 2-7 ××公司仓储部门生产与存货循环内控调查表

客户	××公司	签名		日期	2016 年 4 月 15 日	
项目	调查问卷	编制人	李××	2016.4.15	索引号	Y-15
截止日期	2015 年 12 月 31 日	复核人	张××	2016.4.17	页次	1
被调查部门	仓储部门	被调查人	刘××			
调查项目				是	否	不适用	说明
①大宗货物的采购是否都签署了合同并经主管批准？							
②材料的领用是否经核准后开出领料单？							
③存货与固定资产发出是否有出门验证制度？							
④是否所有存货均设有永续盘存记录？							
⑤仓库存货是否按品种、规格、质量集中码放并有提醒标记？							
⑥存货是否定期盘点？							
⑦存货的盘盈、盘亏是否经报批后入账？							
⑧仓库是否及时对呆滞、废损的存货进行处理？							
⑨存货的收发人与记账人是否分离？							
⑩委托外单位加工的材料，其发出、收回、结存情况是否有专人负责登记？是否定期与受托单位核对账目？							

续表

调查项目	是	否	不适用	说明
⑪原材料、产成品的收发存月报表是否根据当月入库单、领料单分别汇总编制？				
⑫月末生产部门未用的原材料是否办理假退料手续？				
⑬产品是否有材料定额，并以限额领料单控制领料？				
⑭半成品和产成品完工是否及时办理入库手续？				
⑮存货计价方法的确定与变更是否经董事会批准？				
⑯成本计算和费用分配方法的确定与变更是否经授权批准？				
调查结论	经内控调查及简易测试后，认为生产与存货循环内控的可信赖度为：高（　）中（　）低（　）；该循环是否需要进一步作符合性测试：是（　）否（　）			

（2）文字记述法

文字表述法是查账人员对被查单位内部控制健全程度和执行情况的书面叙述。对内部控制进行书面叙述时，查账人员应按照不同的经济业务循环编写，阐明各项工作的负责人、经办人员以及由他们编写和记录的文件凭证等。

（3）流程图法

流程图法是用符号和图形来表示被查单位经济业务和凭证在组织机构内部有序流动的文件。通过流程图，可直观看到内部控制是如何运行的，有助于发现内部控制中的不足之处。

图 2-12 是××公司销售与收款循环业务流程图，供读者参考。

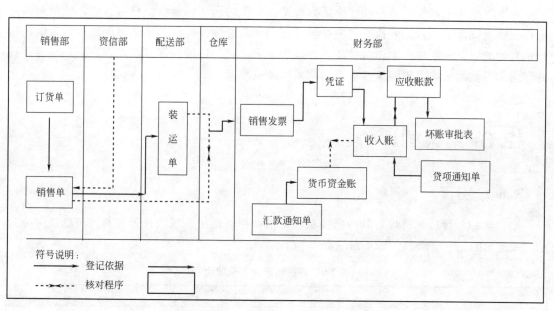

图 2-12　××公司销售与收款循环业务流程图

（4）测试与评价各方法优缺点说明

具体如表 2-8 所示。

表 2-8　测试与评价各方法优缺点说明表

方法	优点	缺点
调查表法	①能对调查对象提供一个简括的说明,有利于查账人员作分析议价 ②省时省力,可在查账工作初期就较快地编制完成	由于对被查单位内部控制只能按项目分别考查,因此,往往不能提供一个完整的看法
文字记述法	可对调查对象作出较深入和具体的描述,弥补调查表只能作出简单肯定或否定的不足	有时不能用精简的文字描述细节,不利于有效地进行内部控制分析
流程图法	便于表达内部控制的特征,同时便于修改	①编制流程图需具备娴熟的技术,并花费较多时间 ②对内部控制的弱点很难在图上明确地表达出来

2.5.3　步骤

内部控制的测试与评价一般通过图 2-13 所示步骤进行。

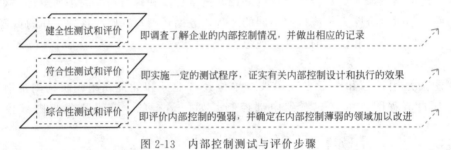

图 2-13　内部控制测试与评价步骤

在审查过程中,如果健全性评价认为被调查单位的内部控制系统是可行的,就可对其进行符合性测试评价;否则即执行实质性测试。如果符合性评价认为该单位内部控制系统的执行是有效的,就可汇总以上评价结果,据以确定实质性测试的范围、重点和方法,然后进行有限的实质性测试;否则即执行全面的实质性测试。

2.6　结果的评价

2.6.1　分层

通过实施步骤后,就可对其内部控制的可信赖程度做出适当的评价。其评价结果可分为表 2-9 所示的三个层次。

表 2-9　评价结果的三个层次

层次	具体说明
高信赖程度	即有健全的内部控制,且都能发挥作用,能把经济业务的会计处理所发生的错误降到最低程度。可较多地信赖和利用内部控制制度,相应减少对账、证、表、单的查对程序的数量和范围
中信赖程度	即内部控制较为良好,但也存在一定缺陷,有可能影响会计记录的真实性和可靠性。应区分不同情况,决定扩大或缩小对账、证、表、单的查对范围,增加或减少样本量,追加或补充既定的查账程序

续表

层次	具体说明
低信赖程度	即重要的内部控制明显失效,大部分经济业务及其会计处理处于失控状态,经济业务的记录经常出现差错,从而对内部控制难以依赖。查账人员要放弃对内部控制的信赖,扩大账、证、表、单的查对范围,增添、完善、修正和补充原有查账程序,改变原查账方法,启用新查账技术,以取得充分、适当的查账证据,形成查账意见

2.6.2 步骤

查账人员测试和评价被查账单位的内部控制系统的评价结果的步骤如下。

(1) 根据评价结果,确定实质性测试的范围、重点和方法

① 确定审查范围。

在审查实际工作中,查账人员依据对被审查单位内部控制系统的评价结果确定审查范围,一般包括图 2-14 所示的三个方面。

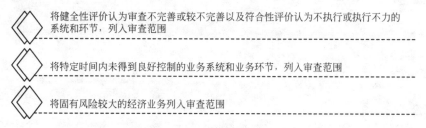

图 2-14 审查范围

② 确定审查重点。

通常情况下,凡是列入审查范围的失控环节和控制弱点作用下的业务及资料,都应列入审查重点。具体来讲,凡是与图 2-15 所示情况有关的经济业务都要列入审查重点进行审查。

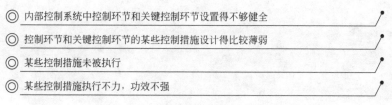

图 2-15 审查重点

③ 确定审查方法。

审查范围和审查重点确定后,查账人员便可根据审查计划的要求和必审项目及经济业务的性质特征,确定采用适当的审查技术方法。

对于列入审查重点的项目,应采用详细审查方法进行全面审查;对于列入审查范围的非重点业务,应采用抽样审查方法,选择较大规模的样本进行审查;对于未列入审查重点和审查范围的业务,可采用抽样审查的方法,选择较小规模的样本进行抽查,或不作检查。

选取样本后，可根据样本特征，采取恰当的技术方法即进行审查。技术方法一般包括审阅法、盘点法、复核法、分析法。

（2）根据评价结果，提出改进内部控制的建议

在测试和评价企业内部控制系统的基础上，查账人员应根据在健全性测试和符合性测试中发现的失控环节和控制薄弱环节，提出内部控制的建议。

第 3 章

实账演练——对会计凭证/账簿进行查账

3.1 原始凭证的查账标准与演练

3.1.1 原始凭证的查账标准

原始凭证是指经办单位或人员在经济业务发生时取得或填制的,用以记录经济业务发生情况、明确经济责任的会计凭证。对原始凭证的审查是对接受的外来凭证或企业自制的原始凭证的真实性、完整性、合法性的审查。具体的查账标准如表 3-1 所示。

表 3-1 原始凭证的查账标准表

审查内容	查账标准
原始凭证的纸质	①审查原始凭证是否有刮、擦、用胶带拉扯过的痕迹,这样的原始凭证其表面总会有毛粗的感觉 ②审查纸张上是否显示出表面光泽消失,有淡黄色污斑,纸张格子线和保护花纹受到破坏等,出现上述情况的一般是用"消字灵"等化学试剂消退过字迹
原始凭证的字迹	①审查原始凭证上文字分布是否符合比例,字体是否一致,一般出现不成比例或不一致情况的都是修改过的 ②审查是否出现过重描和交叉笔画等情况
原始凭证的签名	①审查原始凭证签名的笔迹熟练程度、字形、字体的方向和形态、压力轻重、字的基本结构等方面。出现存在差异的情况有可能是冒充签字 ②审查是否出现有名无姓或有姓无名等情况
原始凭证的内容	①审查凭证登记时间与业务活动发生的时间及以后的入账时间是不是相距甚远 ②审查凭证金额是否只有一个总数,而没有分项目的明细,经不起推敲 ③审查是否缺少部分要素,或关键要素出现模糊,如购买办公用品的发票只注明"办公用品",缺少必要的品种、规格、数量等信息
原始凭证的类型	审查凭证的形式是否符合规则,是否是以非正规的票据凭证代替正规的原始凭证。例如用货币收付凭证代替实物收付凭证;以自制凭证代替外来凭证
与其他凭证进行对比	①对于伪造的原始凭证可以通过对比真实原始凭证的外观来鉴别 ②对于可疑的原始凭证可以检查有无相关经济业务的其他业务的凭证。如销售货物的原始凭证是否有相关发货单据、托运证明、结算凭证等

3.1.2 原始凭证的查账演练

 演练 3-1：虚假发票报销

案情介绍	查账人员在对企业 2016 年 10 月的原始凭证进行审查时，发现一张原始凭证如下所示。 **××省货物销售统一发票** 开票日期：2016 年 7 月 20 日　　　　　　　　　　　编号： | 购货方 | 名称 | ××× | 识别号或证件号 | ××× | | | 地址、电话 | ××× | 开户行及账号 | ××× | | 货物名称 | 规格 | 单位 | 数量 | 单价 | 金额 | | 办公用品 | | | | | ￥5 000.00 | | 合计人民币（大写） | 伍仟元整 | | | | ￥5 000.00 | | 销售方 | 开户银行 | ××× | 结算方式 | ××× | 备注 | ××× | | | 账号 | ××× | 联系电话 | ××× | | | 开票人：王　　　　收款人：李　　　　开票单位（未盖章无效）
问题分析	发票的开票日期为 2016 年 7 月 20 日，但是直到 2016 年 10 月才入账。发票上的货物名称只是笼统地填写了办公用品，没有具体的规格、单位、数量、单价等信息。开票人和收款人都只有姓无名。因为这几点疑问，应当对该凭证的真实性进行审查。
调查取证	经审查和实地盘存，并没有这批办公用品的入库单和领用记录。此外根据单位银行存款对账单查看，也没有这笔款项划出的记录。 经查明是企业销售人员发生销售费用 5 000 元，无法取得合法票据，于是就购买这张假发票作为报销单据。出纳人员收到报销单据时，没有严格审查，将款项报销给对方。
错弊处理	应要求销售人员限期取回符合报销条件的真实的业务发票，用红字将原凭证记录冲销后，再用蓝字编制一张真实的凭证入账。 如果到期无法取回真实的业务发票，应向销售人员追回报销款，调整相关会计账目，并按规定调增应纳税所得额。 此外，对于购买虚假凭证的销售人员，还应按照有关规定进行处理。

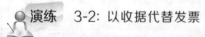 **演练 3-2：以收据代替发票**

案情介绍	查账人员在对企业 2016 年 12 月的原始凭证进行审查时，发现有一张购买办公用品的记账凭证，金额为 2 000 元。该凭证后所附原始凭证是一张手写收据，没有规范发票。
问题分析	这笔支出金额较大且没有正规票据，内审人员需要进一步查明原因。

续表

调查取证	根据记账凭证记录,这批办公用品由管理部门领用。内审人员查看了管理部门的办公用品入库单和领用记录,确定这笔购入办公用品的交易真实存在。因此可以排除有人用虚假凭证抵账,侵占公司资金的可能。 通过进一步追查,采购人员承认是为了在采购办公用品时压低价格,同时获得回扣,才没有让对方开具专用发票,而是手写了一张收据作为采购证明。 随后,内审人员又询问出售办公用品的商户,确定了采购人员的说法。
错弊处理	发现这项错弊后,内审人员应该要求采购人员限期向出售办公用品的商户索取正规发票,并且追回采购人员违规收取的回扣,按规定对其进行处罚。

原始凭证业务错弊风险提示
- 伪造、变造原始凭证
- 利用白条顶库
- 取得虚假发票
- 自制假单据,虚开发票
- 原始凭证与记账凭证的记录内容不相符

3.2 记账凭证的查账规范与演练

3.2.1 记账凭证的查账标准

记账凭证,是会计人员根据审核无误的原始凭证或汇总原始凭证,按照经济业务的内容加以归类,用来确定会计分录而填制的直接作为登记账簿依据的会计凭证。对企业记账凭证的审查,就是审核已填制好、作为登记账簿依据的会计凭证的内容,是否符合现行会计制度、财务管理制度和凭证填制的规定及要求,证实企业单位在会计核算上有无弄虚作假、徇私舞弊等问题,具体的查账标准如表3-2所示。

表3-2 记账凭证的查账标准表

审查内容	查账标准
基本要素是否完整	主要是看填制日期、编号、业务内容摘要、附原始凭证张数、会计科目及其借贷方向、填制、出纳、复核及会计主管人员的签章等是否遗漏
会计科目的运用是否正确	即会计科目是否符合经济业务的性质和内容,是否符合有关会计准则和会计制度的规定,借贷方向是否正确
借贷金额是否正确	审查借贷金额是否正确,是否与原始凭证相符,有无多计、少计和误计
相关负责人签章	审查记账凭证上各级负责人和有关经办人的签章是否齐备,其会计责任是否明确,有无手续不清、责任不明的现象
对应账簿的一致性	审查记账凭证与对应的账簿记录是否一致,有无账证不符的情况

3.2.2 记账凭证的查账演练

 演练 3-3:利用模糊的摘要掩盖错弊

案情介绍	查账人员在对企业 2016 年 10 月的记账凭证进行审查时,发现了一张记账凭证,如下所示。 **记 账 凭 证** 付字第 10 号　　　　2016 年 10 月 17 日　　　　附单据数:1 | 摘要	总账科目	明细科目	借方金额	贷方金额
---	---	---	---	---
差旅费	管理费用	差旅费	2 000	
	库存现金			2 000
	合计		¥2 000	¥2 000	 会计主管:张一　　记账:王二　　出纳:李三　　审核:　　制单:李三
问题分析	摘要部分只填写"差旅费"太笼统,没有明确说明该项业务的实质。凭证上缺少审核人员的签字。
调查取证	通过核对凭证后所附的原始凭证,发现是一张由本市某酒店开出的餐饮业发票。按常理推断,该发票不可能是由于员工出差而形成的,需要进一步核实。 在单独询问公司出纳员李三的过程中,他无法指出这笔差旅费是由公司哪位员工报销的。无法自圆其说后他才承认,该餐饮业发票本应是公司的业务招待支出。 随后,审计人员还向开出这张发票的酒店寻访,证明了李三的说法。 因为公司业务招待费已经超出了能够在税前抵扣的限额,为了降低应纳税所得额,财务人员将这笔业务招待费列入差旅费抵扣。李三填制完这张凭证后,因为害怕被发现,所以并没有将其交给专门的审核人员进行审核。
错弊处理	应该用红字冲减这张错误的凭证,并用蓝字登记一张正确的凭证入账。同时调增应纳税所得额,补缴税款。 此外,还应该对公司涉及差旅费和业务招待费的其他记账凭证进行逐一审核,防止还有类似的情况存在而未被发现。

演练 3-4：凭证分录编写错误

案情介绍	查账人员在对企业 2016 年 12 月的记账凭证进行审查时，发现一张记账凭证如下所示。 **转 账 凭 证** 2016 年 12 月 20 日　　　　　　　　　　　转字第 68 号 | 摘要	总账科目	明细科目	借方金额	贷方金额	记账
---	---	---	---	---	---
销售 A 商品	应收账款		20 000		√
	主营业务收入	销售 A 商品		20 000	√
合计			￥20 000	￥20 000	√	 会计主管：张一　　　记账：王二　　　审核：李三　　　制单：王二
问题分析	这是一张销售货物的记账凭证，但是凭证中并没有记录"增值税"账户的发生额。此外，应收账款科目下缺少明细科目，记录模糊。
调查取证	查账人员进一步检查时，发现这张记账凭证后并没有货物出库凭证和销售合同，也没有发现结转 A 商品销售成本的记账凭证。因此这项业务的真实性值得怀疑。 经过询问后财务人员承认，是企业领导为了虚增 2016 年的利润，才授意财务人员将仓库中积压的 A 商品作为销售处理。
错弊处理	发现该错弊后，财务人员应该用红字将以上这笔虚假的凭证冲销，同时调整企业本年利润。

记账凭证业务错弊风险提示

- 记账凭证填制的内容不全或填制错误
- 记账凭证上缺少必要的相关印鉴和标识
- "假账真做"或"真账假做"
- 利用"障眼法"，使人看不清经济业务的真面目，弄虚作假

3.3 会计账簿的查账标准与演练

3.3.1 会计账簿的查账标准

会计账簿是由具有一定格式、互有联系的若干账页组成的，以会计凭证为依据，用以全面、系统、序时、分类记录各项经济业务的簿记。

会计账簿由封面、扉页和账页组成，每一账页又由账户名称、日期栏、凭证种类及号数栏、摘要栏、金额栏、页码等要素组成。会计账簿的审查内容一般包括对会计账簿的启用、

登记、更正、会计结账等方面,具体的查账标准如表 3-3 所示。

表 3-3 会计账簿的查账标准表

审查内容	查账标准
会计账簿的启用	审阅每本账簿中的扉页记录内容和账簿中所有账页的页数编写情况,如有疑点,可进一步调查询问有关当事人
会计账簿的登记	①审阅会计账簿的登记内容,检查其有无未按规定进行登记 ②检查总账登记的内容,分析总账的登记是否合理、及时 ③核对账证记录,检查账簿是否根据审核无误的会计凭证登记
会计账簿的更正	审阅账簿中的更正记录,同时结合更正错误的会计凭证,找出未正确使用会计错误更正的问题,分析问题产生的原因
会计结账	①审阅账簿结账记录是否在账户摘要中注明了"本月合计""本年累计""结转下年"和"上年结转"等字样,是否划了单线或双线 ②审阅账簿结账是否是在规定的时间进行 ③进行账账、证证核对,审阅是否所有应记入本期的经济业务全部登记
会计账簿设计与设置	①根据单位的规模、特点及其他有关情况,确定其应具备的账簿体系 ②对比现有账簿体系,找出其设计与设置上的不合理、不恰当的地方

3.3.2 会计账簿的查账演练

演练 3-5:明细科目设置错误导致混乱

案情介绍	查账人员在对企业 2016 年 10 月的会计账簿进行审查时,发现明细账中"应收账款"科目的账页如下所示。 **明　细　账** 总账科目:应收账款　　　　　　　　　　　　　　　总第　　页 明细科目:　　　　　　　　　　　　　　　　　　　分第 3 页 | 2016 年		凭证号	摘要	借方	贷方	借或贷	余额
月	日						
10	1		承前页	210 000	160 000	借	50 000
	1		甲公司欠 A 产品货款	20 000		借	70 000
	5		乙公司支付 B 产品货款		35 000	借	35 000
	8		丙公司欠款确认为坏账		5 000	借	30 000	
---	---
问题分析	将不同借款人所欠应收账款登记在同一账页上,不利于对应收账款的管理,会造成应收账款管理混乱的现象。
调查取证	通过查阅记账凭证和原始凭证,以及询问相关人员,确定应收账款明细账中登记的内容并没有差错。这种管理混乱只是会计人员的登记错误。 设置会计账簿的科目时,没有根据借款人的名称,设置应收账款明细账。
错弊处理	将填制混乱的明细账页抽出,重新根据借款人名称,设计应收账款明细科目,设置账页并进行登记。原错误账页标记作废字样后归档管理。

演练 3-6：会计账簿更正方法不正确

案情介绍	查账人员在对企业会计账簿进行审查时，发现银行存款日记账中有一处更正的地方，如下所示。 **银行存款日记账** 第 12 页 | 2016年		凭证		摘要	对方科目	结算凭证		收入 (借方)	付出 (贷方)	余额
月	日	种类	号数			种类	编号			
				……						30 000
11	28	收	8	出售A商品	主营业务 收入	转支	102	6 500 ~~5 600~~		36 500 ~~35 600~~
	30	付	12	采购B材料	原材料	电汇	456		8 000	28 500 ~~27 600~~
	30			本月合计				25 600 ~~26 500~~	38 000	28 500 ~~27 600~~	
---	---
问题分析	根据所修改的内容判断，发现这项错弊时，银行存款日记账已经结出月度余额，此时不应该再使用画线更正法进行更正。
调查取证	通过查阅11月28日的收字第8号凭证可以确定，当日出售A商品的金额为6 500元，是财务人员在登记现金日记账时的笔误导致的登记错误。 经过询问登记日记账的出纳人员后确认，这项错弊是因为出纳人员在记账时不熟悉相关业务规定，为了工作方便而导致的。
错弊处理	明确该错弊后，出纳人员应该将账簿更正错误的地方重新更正，并在更正处盖章。此后，应该用补充更正法更正错误记录。

会计账簿业务
错弊风险提示

- 会计账簿启用错误，如在账簿封面上未写明单位名称和账簿名称
- 会计账簿登记错误，如登记方式或账簿摘要填写不合理
- 会计账簿更正错误，如未按规定方法更正或用错更正方法
- 会计结账错误，如在结账前，未将应登入本期的经济事项全部登记入账
- 会计账簿设计与设置的错弊，如账簿形式设计不合理

3.4 会计错账更正的调账标准与演练

3.4.1 会计错账更正的调账标准

当企业错账发生时，均应对其调账。调账的具体标准如下。

(1) 本期发现的本期差错调账标准

本期发生的,属于本期的会计差错,应调整本期相关项目。具体做法如下。

在审查中发现的本期错误会计账目,可根据正常的会计核算程序,采用红字调整法、补充调整法予以调整。对于按月结转利润的企业,在本月内发现的错账,调整错账本身即可;在本月以后发现的错账,由于以前月份已结转利润,所以影响到利润的账项还需通过"本年利润"科目进行调整。

(2) 本期发现的以前年度差错的调账标准

本期发现的,属于以前年度的会计差错,应按表 3-4 所示的标准进行处理。

表 3-4 本期发现的以前年度差错的调账标准表

调整内容		调整标准
非重大会计差错		本期发现的,属于与前期相关的,不调整会计报表相关项目的期初数,但应调整发现当期与前期相同的相关项目
		属于影响损益的,应直接计入本期与上期相同的净损益项目
		属于不影响损益的,就调整本期与前期相同的相关项目
重大会计差错		将其损益的影响数调整为发现当期的期初留存收益,会计报表其他相关项目的期初数也应一并调整,如不影响损益,应调整会计报表相关项目的期初数
比较会计报表期间的重大会计差错	本期	调整本期的净损益和其他相关项目,视同该差错在产生的当期已经更正
	前期	调整比较会计报表最早期间的期初留存收益,会计报表其他相关项目的数字也应一并调整

根据表 3-4 所示的调整规定,结合不同的错账发生时间及形式,具体的调账方法如下。

① 对上一年度核算及上一年度税收产生影响的错账的调整,如表 3-5 所示。

表 3-5 对上一年度核算及上一年度税收产生影响的错账调整标准表

错账发生时间		调整标准
上一年度决算报表发生之前		直接调整上年度账项,影响利润的错账须一并调整"本年利润"科目核算的内容
上一年度决算报表发生之后	不影响上年利润	可以直接进行调整
	影响上年利润	应通过"以前年度损益调整"进行调整

② 对上一年度与本年度核算和税收有关且不影响上一年度税收的错账调整,这种情况可以根据上一年度账项的错漏金额影响本年度税项的情况,相应调整本年度有关账项。

(3) 不能直接按照审查出的错误额调整利润的情况的调整标准

审查出的纳税错误数额,有的直接表现为实现的利润,不需进行计算分摊,可直接调整利润账户;有的需经过计算分摊,将错误的数额分别摊入相应的有关账户,才能确定应调整的利润数额,具体的调整规范如下。

按产品成本核算过程逐步剔除挤占因素,即将审查的需分配的错误数额,按材料、自制半成品、在产品、产成品、产品销售成本等核算环节的程序,逐步往下分配。将计算出的各环节应分摊的成本数额,分别调整有关账户,在期末结账后,当期销售产品应分摊的错误数额直接调整利润数。

3.4.2 会计错账更正的调账演练

 演练 3-7：当期错误会计账目的调账

案情介绍	查账人员在查账时发现甲企业 2016 年 4 月 30 日转 35 号凭证将应记金额 87 000 元记成了 78 000 元，少记 9 000 元，不影响"本年利润"，于是采用补充登记进行调账，调账日期为 2016 年 5 月 10 日，调账凭证为转字第 10 号。 记错金额的转账凭证，如下所示。 **转 账 凭 证** | 2016年		凭证		摘 要	总账科目	明细科目	借方金额	√	贷方金额	√
---	---	---	---	---	---	---	---	---	---	---
月	日	字	号							
4	30	转	35	A型号产品完工入库	库存商品	A型号产品	78 000	√		
					生产成本	基本生产成本-A			78 000	√
				合 计			¥78 000		¥78 000		 财务主管：××× 　记账：××× 　出纳：××× 　审核：××× 　制单：×××
调账处理	调整错账的转账凭证，如下所示。 **转 账 凭 证** | 2016年		凭证		摘 要	总账科目	明细科目	借方金额	√	贷方金额	√
---	---	---	---	---	---	---	---	---	---	---
月	日	字	号							
5	10	转	10	调整2016年4月转字35号凭证错误将少记9 000元补记	库存商品	A型号产品	9 000	√		
					生产成本	基本生产成本-A			9 000	√
				合 计			¥9 000	√	¥9 000	√	 财务主管：××× 　记账：××× 　出纳：××× 　审核：××× 　制单：×××

演练 3-8：上一年度错账的调整（发生时间在决算报表编制前）

案情介绍	查账人员在查账时发现甲企业 2016 年 12 月 25 日转字 41 号凭证，管理费用多记了 15 000 元，查账人员认为对此错账的调整，需通过"本年利润"调账。调账日期为 2017 年 1 月 15 日，调账凭证为转字第 18 号。 错误的转账凭证，如下所示。 **转 账 凭 证** | 2016年 月	日	凭证 字	号	摘要	总账科目	明细科目	借方金额	√	贷方金额	√
---	---	---	---	---	---	---	---	---	---	---
12	25	转	41	待销本年车险费	管理费用		34 780	√		
					长期待摊费用				34 780	√
							￥34 780		￥34 780		 财务主管：××× 　记账：××× 　出纳：××× 　审核：××× 　制单：×××
调账处理	调整错账的转账凭证，如下所示。 **转 账 凭 证** | 2017年 月	日	凭证 字	号	摘要	总账科目	明细科目	借方金额	√	贷方金额	√
---	---	---	---	---	---	---	---	---	---	---
1	15	转	18	调整2016年12月转字41号凭证多摊车险费15 000元	长期待摊费用		15 000	√		
					本年利润				15 000	√
							￥15 000		￥15 000		 财务主管：××× 　记账：××× 　出纳：××× 　审核：××× 　制单：×××

演练 3-9：上一年度错账的调整（发生时间在决算报表编制后）

案情介绍

以演练 3-8 为例，则调整错账的转账凭证，如下所示。

转 账 凭 证

2017年		凭证		摘 要	总账科目	明细科目	借方金额	√	贷方金额	√
月	日	字	号							
1	15	转	18(1)	调整2016年12月转字41号凭证多摊车险费15 000元	长期待摊费用		15 000	√		
					以前年度损益调整				15 000	√
							¥15 000		¥15 000	

财务主管：×××　　记账：×××　　出纳：×××　　审核：×××　　制单：×××

调账处理

调整错账导致的所得税调整的转账凭证，如下所示。
调整的所得税＝15 000×25％＝3 750（元）

转 账 凭 证

2017年		凭证		摘 要	总账科目	明细科目	借方金额	√	贷方金额	√
月	日	字	号							
1	15	转	18(2)	调整2016年12月转字41号凭证导致的所得税变化	以前年度损益调整		3 750	√		
					应交税费	所得税			3 750	√
							¥3 750		¥3 750	

财务主管：×××　　记账：×××　　出纳：×××　　审核：×××　　制单：×××

第4章 实账演练——对企业资产进行查账

4.1 货币资金业务的查账标准与演练

4.1.1 库存现金业务的查账标准与演练

(1) 库存现金业务的查账标准

库存现金业务审查的内容包括对库存现金日常管理和库存现金内部控制制度两个方面。

① 库存现金日常管理的审查。

对企业库存现金日常管理的审查,主要应从其使用范围、限制额度等方面进行,具体的查账标准如表4-1所示。

表4-1 库存现金日常管理的查账标准表

审查内容	查账标准
资金使用范围	审查资金使用是否符合国家规定,是否有超范围支出行为 根据国家《现金管理暂行条例》的规定,允许企业使用现金结算的范围如下: ①向个人支付的款项;包括职工工资、津贴;个人劳务报酬。根据国家规定发给个人的科学技术、文化艺术、体育等奖金;各种劳保、福利费用以及国家规定对个人的其他支出;向个人收购农副产品和其他物资的价款;借给出差人员的差旅费 ②零星支出 ③其他。中国人民银行确定需要支付现金的其他支出
库存现金限额	①审查库存现金限额是否超出了允许留存现金的最高限额,一般应为单位3至5天日常另行开支的数额,不包括企业每月发放工资和不定期差旅费等大额现金支出 ②审查超过限额的现金是否及时送存银行 ③审查库存现金低于限额时,是否及时补足限额
是否坐支现金	①审查是否有擅自坐支现金行为 ②确需坐支现金的,审查是否事先经开户银行审查批准

② 库存现金内部控制制度的审查。

库存现金内部控制制度的审查,应从其是否满足内部控制要求、控制事项是否符合规定、是否按照规定步骤进行。具体的查账标准如表4-2所示。

表 4-2　库存现金内部控制制度的查账标准表

审查内容		查账标准
是否满足内部控制要求		①在会计岗位设置时,审查库存现金收支与记账的岗位是否分离 ②审查库存现金收入、支出凭证是否合理、合法;全部收支是否及时准确入账,且支出核准手续是否齐全;是否控制现金坐支,当日收入现金是否及时送存银行 ③审查是否按月盘点现金,并与现金日记账进行核对,且做到账实相符
控制事项实施是否符合规定	收款内部控制	①审查是否及时正确入账,不被其他人或者其他企业冒领 ②对于现销收款,审查每笔交易是否有两个或两个以上的职员参与 ③对于赊销收款,审查赊销客户是否满足赊销标准,是否建立了赊销审批制度
	付款内部控制	①审查企业超限额支出是否通过银行进行转账结算 ②审查付款是否经过至少两人的授权才付出,付款是否正确记账 ③企业是否建立了现金报销制度
	备用金内部控制	①审查备用金是否实行定额预付制,是否有专人负责保管,且定期报账 ②审查备用金使用后是否及时补充,补充时是否复核有关已支出款项的凭证,并审查支出的合理性和有效性 ③审查备用金的报销凭证 ④未用的备用金是否指定了专人安全妥善地保管
是否按照内部控制步骤进行		①编制库存现金内部控制流程图对企业库存现金内部控制制度进行了解 ②选取适当样本的收款凭证,检查收取的款项金额是否正确,是否及时存入银行,是否与现金或银行存款日记账相符 ③抽取企业一定期间的现金、银行存款日记账与总账核对,检查企业有关库存现金的会计记录的正确性和可靠性 ④评价库存现金内部控制制度,其评价重点为库存现金内部控制制度可信赖的程度以及存在的薄弱环节和缺点,以避免查账风险

(2) 库存现金业务的查账演练

演练　4-1: 利用白条抵库

案情介绍	2016年10月20日,查账人员在对企业的现金业务进行审查时,发现10月份的库存现金账面余额要比过去几个月多出一倍以上。
问题分析	查账人员认为企业持有较多的库存现金,且最近几个月企业并没有需要大量现金的业务。因此,查账人员对持有这些现金的原因持怀疑态度。
调查取证	经过对银行存款日记账审查后发现,库存现金异常增加的原因是在9月20日公司采购经理李某向出纳张某预支现金20 000元,用于原材料采购。9月30日,采购任务没有如期完成,采购经理李某将预支的现金又退回出纳张某处。由此公司账面上的库存现金余额就比以前多出20 000元。 在查账人员的监督下,出纳张某对库存现金进行了实地盘查,发现其中有一张由采购经理李某开出的面值20 000元的欠条,欠条上写明10月30日还款。最终,李某和张某承认了用白条抵库的行为。 后来采购经理李某交代,是其朋友做生意,需要借用一笔现金。于是他就和出纳张某串通,以采购原材料的名义从公司借走20 000元现金。出纳张某先是将其计入材料采购款,随后怕占用资金时间太长引起怀疑,就用白条充当现金入库,准备等采购经理李某偿还现金后再将其存入银行。

续表

错弊处理	查明原因后,查账人员责令采购经理李某限期内将资金归还,并用红字冲销采购经理李某借采购款和归还款项的凭证。并重新填制如下凭证。 **付 款 凭 证** 贷方科目:**库存现金**　2016年10月20日　现付字第20号 | 摘要	借方总账科目	明细科目	√	金额(千百十万千百十元角分)
---	---	---	---	---
李某挪用现金	其他应收款	李某		2 0 0 0 0 0
合 计				¥ 2 0 0 0 0 0	 财务主管:×××　记账:×××　出纳:×××　审核:×××　制单:××× 此外,这次舞弊还暴露了公司在现金管理方面的漏洞。出纳张某用白条抵库,涉及金额较大。但每日经营结束进行库存现金账实盘点时,并未发现此问题。为此,公司应改进库存现金内部控制制度,杜绝此类事件再次发生。

演练 4-2: 支取现金不登记现金日记账

案情介绍	查账人员在对企业2016年11月的现金日记账进行审查时,发现有一周的库存现金余额一直低于2 000元,有时甚至无法满足日常收支核算。
问题分析	按照本企业的库存现金管理制度规定,企业的库存现金数额应该保持在3 000至5 000元左右,当库存现金低于3 000元时,出纳王某需要去银行提取现金,补足库存现金的数额。这样连续一周库存现金数额低于2 000元,属于不正常的情况。
调查取证	通过检查库存现金的收付款记录,未发现公司这段时间有在银行提取现金的业务。但是查看银行存款的收付款记录却发现,这段时间有一笔银行取款3 000元补足库存现金的业务。 经过询问后出纳王某承认,是自己在银行取现后,只登记了银行存款的减少,未登记库存现金增加,随后就将这笔资金占为己有。 因为银行取款业务只需要填写银行存款付款凭证,不需要填写库存现金收款凭证,所以这项错弊很难被发现。
错弊处理	查明错弊后,查账人员责令出纳王某限期内将侵占的资金归还,并按照相关规定对其进行了处罚。在对方归还现金之前,应编制如下会计分录。 借:其他应收款——王某　　　　　　　　　　　　　3 000 　　贷:库存现金　　　　　　　　　　　　　　　　　　　3 000

> 库存现金业务
> 错弊风险提示
> - 采取"涂改凭证"或有意填错数据的手段贪污现金
> - 采取"联手舞弊"的手段贪污或私分现金
> - 采取"出借公款"的手段长年拖欠、挪用公款
> - 采取"浑水摸鱼"的手段挪用、存入小金库或据为己有
> - 利用现金日记账挪用现金
> - 采取"坐支现金"的手段违规开支
> - 用现金支付回扣或好处费

4.1.2 银行存款业务的查账标准与演练

（1）银行存款业务的查账标准

银行存款是指企业存放在银行或其他金融机构的货币资金，包括人民币存款和外币存款。对企业银行存款业务的审查，可以从内部控制制度、银行存款日记账、收付款凭证三个方面展开。

① 审查银行存款业务的内部控制制度。

完善的内部控制制度是保证银行存款业务顺利开展的基础。在检查银行存款业务的内部控制制度时，可以从图 4-1 所示的 11 个方面考虑。

- 企业的银行存款日记账是否根据不同的银行账号设置了明细科目？
- 出纳和会计的职责是否分离？银行存款的记账工作是否由出纳专门负责？
- 银行存款日记账是否根据经审核后的凭证逐笔序时登记入账？
- 企业除零星支付外的支出是否均通过银行转账结算？
- 对于重大的开支项目是否经过核准、审批？
- 银行支票是否按顺序签出？是否由出纳和有关主管人员共同签出？
- 空白支票是否妥善保管？签发支票的印章是否妥善保管？
- 作废支票是否加盖"作废"戳记，并与存根联一并保存？
- 是否使用支票登记簿？
- 银行存款日记账是否每月与总账核对相符？
- 银行存款日记账是否定期与银行对账单核对？是否编制有银行存款调节表？

图 4-1 审查银行存款业务的内部控制制度的思路

② 审查银行存款日记账。

银行存款日记账是反映公司银行存款业务详细情况的最重要的资料。对银行存款日记账的审查工作可以从以下三个方面展开，具体如表 4-3 所示。

表 4-3 银行存款日记账的查账标准表

审查内容	查账标准
日期和凭证号数栏	检查银行存款日记账是否以记账凭证为依据逐笔序时登记，是否逐笔结出余额，有无日期和凭证编号前后顺序颠倒的情况

续表

审查内容	查账标准
摘要栏、金额栏和对方科目栏	①检查会计科目的使用是否适当,判断经济业务是否合法合规 ②对于开具的现金支票要重点检查,查看其内容是否符合现金结算范围规定,有没有在现金日记账中同步反映,排查可能存在的套取现金的情况
余额栏	①检查是否存在异常的红字余额。如出现红字余额,应查明其原因,是由于不同银行账号"串户"、业务记录的先后顺序颠倒还是开具空头支票等所致 ②向银行征询银行存款账户的期末余额,与银行存款日记账上的余额相核对,如果二者不一致,要查出产生差异的原因

③ 审查银行存款收付款凭证。

银行存款收付款凭证是登记银行存款日记账的依据,也是决定银行存款业务登记正确与否的基础。对于收付款凭证的审查应按照表 4-4 所示标准进行。

表 4-4 银行存款收付款凭证的查账标准表

审查内容	查账标准
凭证内容	检查收付款凭证的项目是否填制完整、摘要内容是否明确、相关金额计算是否正确、有关人员签章是否齐全
凭证附件	检查收付款凭证是否附有原始凭证、原始凭证是否齐全、原始凭证上的相关金额与记账凭证上是否相等
经济业务	检查收付款凭证所记载的经济业务是否合理合法,是否有相关负责人的授权,所需手续是否齐备

(2) 银行存款业务的查账演练

演练 4-3: 重复登记支出,侵占银行存款

案情介绍

2016 年 10 月 15 日,查账人员在对企业的银行存款日记账进行审查时,发现有连续两笔向同一单位采购、金额相同的付款业务,如下所示。

银 行 存 款 日 记 账

第 21 页

2016年		凭证		摘要	对方科目	结算凭证		收入（借方）	付出（贷方）	余额
月	日	种类	号数			种类	编号			
10	8			承上页				134 000	66 000	68 000
	8	付	10	向甲单位购入钢材	原材料	转支	126		12 345	55 655
	10	收	8	收到乙单位欠款	应收账款	转支	345	25 000		80 655
	12	付	11	向甲单位购入钢材	原材料	现支	176		12 345	68 310

第 4 章 实账演练——对企业资产进行查账

续表

问题分析	两笔业务相隔时间很近，业务摘要和付款金额相同，但是结算凭证的类型却不相同。这样的情况是不正常的。
调查取证	通过检查当月第 10 号付款凭证和第 11 号付款凭证后所附的原始凭证发现，其中一张附的是转账支票存根和购货发票，另一张附的是现金支票存根和原材料入库单。 审查后公司出纳赵某承认，是自己将同一笔业务重复入账，并且将原始凭证分别附在两张记账凭证的后边。其中用现金支票提取的现金已经被出纳赵某占为己有。
错弊处理	发现错弊后，应该用红字编制一张凭证将第 11 号付款凭证冲销，同时要求出纳赵飞限期偿还款项。所欠款项暂时计入"其他应收款"科目，并用蓝字填制如下转账凭证。 **转 账 凭 证** 2016 年 10 月 15 日　　　　　　　　　转字第 18 号 | 摘要	总账科目	明细科目	借方金额	贷方金额	记账
---	---	---	---	---	---
出纳赵飞违规侵占	其他应收款	赵飞	12 345		
银行存款	银行存款			12 345	
合　计			￥12 345	￥12 345		 会计主管：×××　　　记账：×××　　　审核：×××　　　制单：×××

演练 4-4：出纳与会计岗位工作未分离

案情介绍	查账人员在对企业银行存款收付业务进行审查时，发现了如下一张收款凭证。 **收 款 凭 证** 借方科目：银行存款　　　2016 年 12 月 17 日　　　收字第 10 号 | 摘要	贷方科目		金额									记账
---	---	---	---	---	---	---	---	---	---	---	---	---
	总账科目	明细科目	千	百	十	万	千	百	十	元	角	分	
收到甲公司欠货款	应收账款	甲公司				5	8	5	0	0	0		√
合计					￥	5	8	5	0	0	0		√ | 会计主管：李一　　记账：王二　　出纳：王二　　审核：王二　　制单：王二

续表

问题分析	该凭证中记账、出纳、审核及制单为同一人,存在关键职务未分离的错弊。
调查取证	通过查阅其他银行存款收付款凭证发现,公司的银行存款收付款业务一般由出纳王二负责记账和制单,由会计张三负责审核。这张凭证未经张三审核,可能存在错弊。 　　查账人员询问出纳王二后确认,是因为这笔业务发生时,会计人员张三休假没有上班,他才自己对凭证进行了审核。
错弊处理	通过审核"应收账款——甲公司"科目过去的业务记录,调查原始凭证,并向甲公司函证,查账人员确认这笔收款业务确实存在,金额也记录无误。

银行存款业务错弊风险提示

- 存入的现金来源不合法,如应以银行转账结算的业务而以现金进行结算,违反结算管理制度
- 通过银行划回的银行存款,有的不属被查单位的款项错误地划到其存款账户
- 通过银行结算划回的银行存款不及时,不足额
- 为其他单位或个人提供银行账户而收取好处费
- 进行假存或少存多记的舞弊行为,如会计人员将销售款贪污后,而在账上仍作银行存款和销售收入同时增加处理
- 从银行存货中提取现金的用途不合法、不合理
- 银行存款支出后不记账,以掩盖非法开支
- 开立"黑户",截留存款

4.1.3 其他货币资金业务查账标准与演练

(1) 其他货币资金业务的查账标准

其他货币资金是指除现金、银行存款以外的具有专门用途的货币资金,主要包括外埠存款、银行汇票存款、银行本票存款、在途货币资金等。

① 外埠存款业务的查账标准。

查账人员在对企业的外埠存款进行审查时,应从外埠存款账户和外埠存款支出两个方面进行,具体的查账标准如表 4-5 所示。

表 4-5　外埠存款业务的查账标准表

审查内容	查账标准
外埠存款账户的合法性	①审查企业的外埠存款账户的开户申请书,分析在异地开户的必要性 ②审查异地银行账户,核对申请书规定的开户行与实际开户行是否一致,如果不一致,应当进一步查明原因,如被查单位有无异地私设账户等 ③核对外埠存款余额与外部银行对账单余额经调整后是否一致
外埠存款支出的合理性	①对外埠存款购进的全部商品、材料或其他物品,一般采用详查法,认真与原始凭证核对,审查其有无超出采购款的用途,若有,进一步审查购进商品的用途,确定其用款的合理合法性 ②审查"其他货币资金——外埠存款"明细账余额,查明其有无长期挂账现象,如果"其他货币资金——外埠存款"占用时间长,已无增减变化,应进一步查证其原因,分析其有无挪用资金或者不及时办理结算的问题 ③进行实地调查,进一步取证

② 银行汇票存款业务的查账标准。

查账人员在审查银行汇票存款时，其查账标准如表4-6所示。

表4-6 银行汇票存款业务的查账标准表

审查内容	查账标准
汇票申请书	审查银行汇票申请书，确认收款单位与本单位确实有业务往来
购销合同	审查购销合同上规定的结算方式是否为银行汇票
"其他货币资金——银行汇票存款"明细账	审查"其他货币资金——银行汇票存款"明细账，审查银行汇票存款的结算是否及时，是否有长期挂账而挪用汇票存款或侵占的行为
银行对账单	审查银行存款账面余额与对账单余额是否相符，分析是否存在未达账项，据以推测是否是收到了无效的银行汇票

③ 银行本票存款业务的查账标准。

审查银行本票存款业务的重点是其结算余额是否以支票或现金入账，具体的查账标准如表4-7所示。

表4-7 银行本票存款业务的查账标准表

审查内容	查账标准
"其他货币资金——银行本票存款"明细账	审查"其他货币资金——银行本票存款"明细账，查明每笔本票是否有余额。如有，应进一步抽调原始凭证，确定有无余额
与供货方对账	与供应商对账，查明有无贪污余额问题
结算款项与实际采购金额的一致性	查账人员应核对结算款项与实际采购金额，查明其是否一致。如果不一致，应进一步调查有无虚减"银行本票存款"账户

④ 在途货币资金的查账标准。

企业在途货币资金的审查内容是在途货币资金使用情况是否真实、合理，具体的查账标准如图4-2所示。

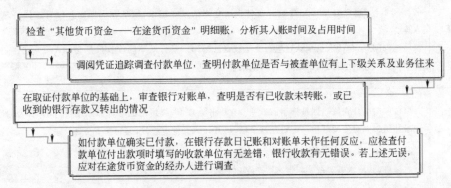

图4-2 在途货币资金的查账标准

（2）其他货币资金业务的查账演练

 演练 4-5：采购人员挪用外埠存款

案情介绍	查账人员在对企业的外埠存款账户进行审查时，发现"其他货币资金——外埠存款"明细账户下有20 000元余额。该账户已经几个月没有发生过资金收付业务，只有这笔余款挂在账上。
问题分析	该外埠存款账户是公司为了在异地收购农产品而在外地银行申请开设的。截至查账，农产品的收获期早已过去，企业的收购业务也已经完成，该账户上仍然有余额是不正常的。
调查取证	通过向银行索取外埠存款账户的对账单发现，该账户上已经没有余额。因此可以说明"其他货币资金——外埠存款"明细账户下的20 000元余额已被挪用且没有登记入账。 负责管理外埠存款账户的会计人员承认，这20 000元是在采购农产品时，支付给销售方的回扣。采购人员支出这笔资金后，没办法取得相关凭证，就只能暂不入账。会计人员本打算将资金先挂在账上，等以后其他业务有机会取得多余的合法票据时，再进行冲销。
错弊处理	需要将20 000元从"其他货币资金——外埠存款"明细账户下转出，使该账户无余额。同时应要求采购人员提供合法的付款凭证，如果没有付款凭证，则应由采购人员承担这部分损失，并编制如下会计分录。 借：其他应收款　　　　　　　　　　　　　　　　　　　　　　　20 000 　　贷：其他货币资金——外埠存款　　　　　　　　　　　　　　　　20 000

 演练 4-6：贪污银行汇票存款

案情介绍	查账人员在对企业的银行汇票存款进行审查时，发现2016年10月12日公司为采购原材料而开出一张面值50 000元的银行汇票。
问题分析	这张汇票上标明的收款人过去与公司并没有业务往来，其主营业务也与公司没有太大关系，因此引起了查账人员的怀疑。
调查取证	查账人员找出这笔销售业务的购销合同和发票，发现上面记载的事项十分模糊，既没有原材料的名称和型号，也没有单价和数量。通过查阅仓库的入库记录，发现在同期内并没有这样一笔原材料入库。 经过询问后，会计人员承认这笔资金是被自己挪用。银行汇票的收款人是会计人员自己注册的一家公司，而汇票上标明的购销业务并不存在。
错弊处理	单位应向会计人员追回被挪用的款项。在账务处理上，应该用红字将原来用银行汇票购买原材料的记录冲销。同时要调减银行汇票存款余额，将其计入其他应收款，编制如下会计分录。 借：其他应收款　　　　　　　　　　　　　　　　　　　　　　　50 000 　　贷：其他货币资金——银行汇票存款　　　　　　　　　　　　　　50 000

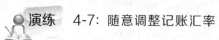

演练 4-7：随意调整记账汇率

案情介绍	查账人员在对企业外汇账户进行审查时，发现企业2015年年底的美元存款按照1∶6.1的汇率核算，2016年年底的美元改用1∶6.5的汇率核算。此时公司账户上有美元存款30 000美元。因为改变核算汇率，这笔美元的账面金额应该由人民币183 000元，调增到195 000元。财务人员确认发生的汇兑损益为人民币12 000元，同时编制了以下会计分录。 借：银行存款——美元账户　　　　　　　　　　　　　　12 000 　　贷：财务费用　　　　　　　　　　　　　　　　　　　　　12 000
问题分析	查账人员通过查阅人民币兑美元的汇率变化，发现2015年年底的汇率为1∶6.1左右，2016年年底的汇率为1∶6.3左右。因此企业在2016年年底改用1∶6.5的汇率核算账户上的美元资产，可能存在错弊事项。
调查取证	通过审查公司相关财务制度，查账人员并没有发现关于如何计算记账汇率的相关规定。因此可以判断，会计人员在选择记账汇率时，存在一定的随意性。 　　经过询问后会计人员承认，自己是为了调增公司本年利润，才故意选择了较高的汇率水平，增加公司账面净资产的同时也冲减财务费用。
错弊处理	查明错弊事项后，查账人员应该与会计人员共同确定新的记账汇率，然后按新的汇率对账户进行调整。例如新的记账汇率为1∶6.3，则需要用红字将以上确认汇兑损益的记录冲销，然后编制新的凭证调整美元存款的账面金额，会计分录如下。 借：银行存款——美元账户　　　　　　　　　　　　　　　6 000 　　贷：财务费用—汇兑损益　　　　　　　　　　　　　　　　6 000 此外，查账人员还应会同会计人员和相关管理人员企业，完善企业财务制度，制定一套完善的方法来确认企业记账汇率。

其他货币资金业务
错弊风险提示

- 非法开设外埠存款账户
- 外埠存款支出不合理、不合法
- 银行汇票使用不合理、不合法
- 收受无效的银行汇票，给企业带来损失
- 非法转让或贪污银行汇票或银行本票
- 在途货币资金的情况不真实、不合理

4.2 存货业务的查账标准与演练

4.2.1 存货取得的查账标准与演练

(1) 存货取得的查账标准

在对存货取得业务进行审查时,其审查内容包括有关存货账户的设置是否合理、相关凭证账簿内容是否正确、存货数量是否准确等,这些事项的具体查账标准,如表4-8所示。

表4-8 存货取得的查账标准表

审查内容	查账标准
有关存款账户设置的科学性和合理性	①审阅有关存货的会计资料,以便了解有关存货账户的设置情况 ②调查企业对存货会计核算和管理的具体要求,以及对存货的实物管理情况、账实核对情况等 ③分析存货账户的设置是否科学合理,能否满足企业的实际需要
查阅银行存款日记账,应关注摘要中的记录	①审查存货购进过程中进货费用以及增值税的会计处理是否正确 ②审查对折扣的处理是否正确 ③审查是否存在账外存货等
查阅"应交税费——应交增值税"明细账	①通过审查"应交税费——应交增值税"明细账及相关的会计凭证,审查增值税的处理是否正确 ②特别应重点审查增值税专用发票或普通发票,核对账证、证证是否相符,相关的会计处理是否正确
实地观察盘点存货	①查账人员必须合理、周密地安排盘点程序并谨慎予以执行 ②盘点的时间应尽量接近年终结账日 ③在盘点时应尽可能采取措施以提高盘点的有效性,比如各存放点同时盘点、停止存货流动以及盘点数额达到合理的比例等
从账外寻找问题突破口	①对于接受捐赠或购进溢余不入账的问题,仅审阅、核对会计资料有时很难发现问题,必须通过调查询问,从账外寻找问题的突破口 ②如对于"小金库"问题,往往会从一些相关问题中发现线索,如企业大量发放奖金,但账上未作反映等

(2) 存货取得的查账演练

 演练 4-8: 未将购入存货过程中发生的费用计入存货成本

案情介绍	查账人员在对企业2016年10月的存货进行审查时,发现了一张记账凭证上记录的会计分录如下所示。 借:原材料——A材料　　　　　　　　　　　　　　30 000 　　应交税费——应交增值税(进项税额)　　　　 5 100 　　管理费用　　　　　　　　　　　　　　　　　 5 000 　　贷:银行存款　　　　　　　　　　　　　　　　40 100

续表

问题分析	这是一笔购入存货业务的分录,但是该分录中不应该出现"管理费用"科目,可能是会计人员在记录时,错将购入存货过程中发生的运费、装卸费等支出登记为管理费用。
调查取证	通过核查记账凭证后所附的原始凭证,发现有一张 3 500 元的运输发票和一张 1 500 元的劳务发票,分别是运输和装卸这批货物的支出凭证。由此,可以确定以上推断。 造成上述错弊原因是会计人员对业务核算不熟练,编制了错误的会计分录,造成存货成本减少,管理费用增加。
错弊处理	发现这项错弊后,查账人员应责令会计人员用红字将错误的凭证冲销,然后编制一张新的凭证,其会计分录如下: 　　借:原材料——A 材料　　　　　　　　　　　　　　　　　35 000 　　　　应缴税费——应交增值税(进项税额)　　　　　　　　5 100 　　　　贷:银行存款　　　　　　　　　　　　　　　　　　　40 100 如果这批原材料已经被领用或销售,会计人员还应将领用和销售的凭证冲销,重新按照正确的成本编制会计分录。

演练 4-9:任意虚列自制半成品的成本

案情介绍	查账人员在对企业 2016 年 11 月份的"基本生产成本"账户进行检查时,发现生产的 A 产品的成本与以往相比偏高。
问题分析	该企业一直采用分步法对 A 产品的成本进行计算,通过半成品库对生产步骤之间的半成品进行结转,通过"自制半成品"明细账对半成品进行核算。查账人员怀疑可能有虚列自制半成品成本的现象。
调查取证	查账人员在对 2016 年 11 月份的"基本生产成本——A 产品"明细账的成本项目进行分析性复核,发现生产 A 产品所使用的自制半成品成本偏高。对"自制半成品"明细账的成本项目进行比较分析,其中原材料费用数额比以往都偏高。 然后调阅最近的相关凭证,其会计分录如下: 　　借:基本生产成本——A 产品　　　　　　　　　　　　　　30 000 　　　　贷:原材料——ABS 塑材　　　　　　　　　　　　　　30 000 但记账凭证与原始凭证内容不符,记账凭证所附原始凭证不仅有基本生产车间领用 ABS 塑材 14 400 元的领料单,而且有基建部门领用 ABS 塑材 15 600 元的领料单。询问有关当事人,当事人承认了是为提高 A 产品的生产成本而虚列了自制半成品成本,将用于基本建设的原材料计入了"基本生产成本"账户,加大了自制半成品成本。 随后查账人员查到将用于基本建设的原材料计入"基本生产成本"的数额累计已达到 43 233 元。 为了达到少交税的目的,将用于基本建设的原材料计入了"基本生产成本"账户,加大了自制半成品的成本。
错弊处理	已知上述自制半成品有 2/3 正在生产加工,尚有 1/3 的自制半成品在库中。并作如下会计分录。 　　借:在建工程　　　　　　　　　　　　　　　　　　　　　43 233 　　　　贷:基本生产成本——A 产品　　　　　　　　　　　　28 822 　　　　　　产成品　　　　　　　　　　　　　　　　　　　14 411

存货取得业务
错弊风险提示

- 将不属于存货范围的物资作为存货进行管理核算
- 外购存货时,计价不准确
- 任意虚列委托加工存货的成本
- 接受捐赠的存货不入账
- 存货有关账户设置不科学、不合理

4.2.2 存货发出的查账标准与演练

(1) 存货发出的查账标准

对于存货发出业务的审查,应重点审查存货发出的计价方法是否正确、合理。具体的查账标准如表4-9所示。

表4-9 存货发出的查账标准表

审查内容	查账标准
判断选用的存货发出计价方法的合理性及一致性	①查账人员应首先询问企业有关人员,了解其存货方法选用情况,调查该企业存货管理和核算方面的基本情况,确定选用方法是否合理 ②查阅有关材料指标,分析对比各个会计期间财务指标有无异常变化,核查各期采用的计价方法是否一致等
"材料采购""原材料""材料成本差异"明细账	查阅、核实有关材料的会计资料,复核企业有关计算结果,查证材料成本差异与以前相比是否存在较大波动,当期生产成本、销售成本及利润等指标是否有较大波动等
"库存商品"明细账	对比各期的销售数量和成本水平,抽查并复核库存商品明细账贷方记录,检查是否按规定的程序和方法采用了正确的计价方法,单价的计算结果是否正确等

(2) 存货发出的查账演练

 演练 4-10: 通过"材料成本差异"账户虚增成本

案情介绍	查账人员在对企业的"库存商品"和"材料成本差异"账户进行审查时,发现企业的"材料成本差异"账户下有多个明细账户都存在较大的借方余额。部分存货的"材料成本差异"账户借方余额甚至超过了"库存商品"的借方余额。
问题分析	这个现象说明企业核算存货成本时,选用的计划成本不合理,过低地估计了存货的价值。如果只有少数存货的材料成本差异较高可能是偶然失误,但多种存货都存在这样的情况,就很可能是会计人员在利用材料成本差异人为地调节存货成本。

调查取证	通过重新计算发出存货的成本,查账人员发现企业对材料成本差异率的计算不准确,普遍比正常计算结果高出了50%左右。 如2016年10月,仓库为生产甲产品发出原材料A的计划成本共计200 000元,查账人员通过计算得到应计的材料成本差异率为15%。但会计人员月末结转发出材料应负担的材料成本差异时,按照25%的材料成本差异率计算,并编制了如下分录。 　　借:生产成本——甲产品　　　　　　　　　　　　　　　　　50 000 　　　贷:材料成本差异——A材料　　　　　　　　　　　　　　　　50 000 会计人员故意按较低水平估计存货的计划成本,导致"材料成本差异"账户存在较大的借方余额,然后再人为地提高材料成本差异率,其目的是多记成本,降低利润,少交企业所得税。
错弊处理	查账人员应逐笔审查对材料成本差异率的计算,确定有无其他错误的情况,并将错误的分录用红字冲销,重新编制正确的分录入账。例如10月份结转A材料材料成本差异的分录应改为以下分录。 　　借:生产成本——甲产品　　　　　　　　　　　　　　　　　30 000 　　　贷:材料成本差异——A材料　　　　　　　　　　　　　　　　30 000 此后,查账人员应根据调整后的分录重新计算企业的利润额,确定应交的增值税额,并及时补交税款。 将以上错弊处理完后,查账人员还应与会计人员、采购人员和其他相关人员一起,重新确定各项存货的计划成本,避免今后再出现"材料成本差异"账户存在较大借方或贷方余额的情况。

 演练 4-11: 虚增加工取得存货的成本

案情介绍	查账人员在对企业存货成本进行审查时,发现企业在生产甲产品过程中,消耗A材料的成本大幅增加。
问题分析	A材料是企业以B材料自行加工得到的。经审查,这段时间B材料的价格并没有大幅上涨,因此耗用A材料的成本大幅增加是一种不合理的现象。
调查取证	查阅企业生产A材料的凭证,发现会计分录如下。 　　借:原材料——A材料　　　　　　　　　　　　　　　　　　25 000 　　　贷:原材料——B材料　　　　　　　　　　　　　　　　　　15 000 　　　　　应付工资　　　　　　　　　　　　　　　　　　　　　　10 000 进一步查阅原始凭证,发现原始凭证的记录与记账凭证不符。原始凭证中不仅有生产车间领用B材料8 500元的领料单,还有工程施工部门领用B材料6 500元的领料单。 通过询问两笔领料单上注明的领料人,确认生产车间领用B材料是为了生产A材料,而施工部门领用B材料是为了企业新厂房的建设。 造成这项错弊的原因是财务人员为了增加当期生产成本,降低费用,故意将为工程施工领用的B材料也作为生产成本入账,同时未将进项税额转出。

续表

错弊处理	明确该错弊事项后，财务人员应该将为工程建设领用的B材料成本，自A材料的生产成本中转出，用红字填写以下凭证。 　　　　借：原材料——A材料　　　　　　　　　　　　　　　　6 500 　　　　　　贷：原材料——B材料　　　　　　　　　　　　　　　　　　6 500 同时，应该增加为建设厂房工程施工的成本，并将进项税额转出，编制以下会计分录。 　　　　借：在建工程——新厂房　　　　　　　　　　　　　　　　7 605 　　　　　　贷：原材料——B材料　　　　　　　　　　　　　　　　　　6 500 　　　　　　　　应交税金——应交增值税（进项税额转出）　　　　　1 105

存货发出业务错弊风险提示

- 存货发出时选用的计价方法不合理、不适当
- 随意变更存货的计价方法
- 人为地多计或少计发出存货的成本
- 存货改变用途时，有意不转出相应的进项税额，也不确认应缴纳的增值税额
- 发出非货币性交易时，有意不处理
- 假借报销样品等方式，将发出的存货予以私分或出售后存入"小金库"

4.2.3　存货储存与盘点的查账标准与演练

（1）存货储存与盘点的查账标准

存货储存与盘点的查账标准，如表4-10所示。

表4-10　存货储存与盘点的查账标准表

审查内容	查账标准
存货储存数量的合理性	审查储存定额制定是否科学，储备数量是否合理，仓库管理制度是否健全，储存设施是否符合要求，有无计量不准、腐烂变质、超储积压或存量过少，有无影响资金有效使用或影响正常生产经营的情况
仓库的存货是否真实存在	①首先，要求会计人员在所有经济业务登记入账的基础上，将存货的明细账与总账相核对，在账账相符的情况下编制存货账存清单 ②其次，成立由查账人员、存货保管人员、会计人员及单位主管人员组成的盘点小组，采取科学、合理的方式和方法对存货进行实地盘点，编制存货实存清单 ③再次，将存货的账存清单和实存清单所列内容进行核对，以确定账实是否相符，如不符，即为存货的盘盈或盘亏，应根据盘盈或盘亏的具体情况填制存货溢缺报告单，并将盘盈或盘亏金额反映在"待处理财产损益"账户 ④最后，采用调查、询问等方法查证造成存货溢缺的原因，并根据实际情况将其从"待处理财产损益"账户转入有关账户。其中，盘盈的存货，经有关部门批准后冲减管理费用，盘亏、毁损和报废的存货，扣除过失人或保险公司赔款和残料价值后，计入管理费用；非常损失部分，扣除保险公司赔款和残料价值后以营业外支出列支

续表

审查内容	查账标准
定期盘点和盘盈、盘亏的处理	①通过广泛的调查了解被查企业是否对存货进行了定期盘点,对盘点结果是否及时处理,有无私分盘盈存货问题等 ②其次,通过审阅"待处理财产损益"账户及"营业外支出""管理费用"账户明细账并查相对应的会计凭证,了解存货盘盈、盘亏情况 ③对存货盘盈、盘亏数较大的企业,可深入仓库实地观察,测试发料的计量是否准确,有无估算情况,必要时请有关部门对计量器具进行检查,以弄清发料计量的状况。对存货的盘亏,审查有无人为地保管不善或盗窃占用的情况,是否及时地对盘亏进行处理,是否存在故意拖延时间、弄虚作假等问题

(2) 存货储存与盘点的查账演练

 演练 4-12: 存货账实不符

案情介绍	2016年6月,查账人员在对公司仓库进行审查时,通过了解有关制度,发现该厂在产品的收、发、存方面执行制度不严,手续不健全
问题分析	针对上述情况,查账人员于2016年6月月底对仓库库存商品进行了实地盘点。经盘点,查出仓库库存商品账实不符,试生产的A产品库存数与账面数相差10 000个
调查取证	通过调查,查出造成不符的原因是在2016年1至6月试生产期间发往某销售点的5 500个、某销售点的2 500个及某代理商处的2 000个,未能及时进行账务处理,从而导致账实不符、库存不清 查账人员对发出的产品应取得的收入又做了进一步的审查,结果发现,发出A产品预计实现销售收入800 000元,但到6月末实际只入账30 000元,销货款长期不回笼,导致收入不真实
错弊处理	针对仓储部在存货方面存在的问题,建议该部门应建立健全并严格执行产品的收、发、存制度,应对存货定期盘点,杜绝白条抵库现象,达到存货的账账、账实相符,以确保企业财产和资金不受损失

演练 4-13: 存货损毁的处理

| 案情介绍 | 2016年12月查账人员对公司存货进行审查时,调阅了相关资料发现:
①审阅原材料——甲材料明细账,注意到4月份后再没有领用甲原材料的记录。 |

原 材 料

类别:　　　　　编号:

最高存量:　　　　

最低存量:　　　　存储处:　　　计量单位:吨　　规格:　　品名:甲材料

2016		凭证		摘要	借方			贷方			借或贷	余额		
月	日	字	号		数量	单价	金额	数量	单价	金额		数量	单价	金额
				……										
4	11	转	30	甲材料入库	400	2 000	800 000	10	2 000	20 000	借	900	2 000	180 000 00
4	15	转	67	为生产A产品领料							借	890	2 000	178 000 000
				……										

续表

案情介绍	②原材料——乙材料明细账,看到一笔意外火灾造成的损失5 000元的记录。

原　材　料

最高存量：　　　　　　　　　　　　　　　　　类别：
最低存量：　存储处：　计量单位：吨　规格：　编号：　品名：乙材料

2016		凭证		摘要	借方			贷方			借或贷	余额		
月	日	字	号		数量	单价	金额	数量	单价	金额		数量	单价	金额
				……										
4	24	转	65	发生意外火灾材料毁损				200	25	5 000	借	400	25	10 000
				……											
问题分析	查账人员认为购入原材料是为生产需要,长时间不领取原材料必定有问题存在。
调查取证	带着疑问,查账人员对该甲材料进行了盘点,发现库存数与账面数相符。询问保管人员,说明4月份进货恰逢大雨,库存屋顶漏雨,这批原材料被雨水淋湿,车间领用后,无法生产出合格产品,就没有再领用。查账人员还询问了车间领料员朱某,回答一致。

查账人员觉得明知该批材料损失780 000元,不能再使用,但一直迟迟不进行处理,这其中必有隐情。

经过查账人员查阅相关的利润账,发现企业每个月一直出于微利状态,年底仅盈利580 000元。如果在年底将此批原材料报损,账面上势必出现亏损。当上级部门来考核时,企业无法完成年初所定目标。所以会计人员一直将该批此材料挂在账上,不进行处理,形成潜亏200 000元 |
| 错弊处理 | 对于库存商品和乙材料意外水灾造成的损失,虽然企业在当月进行了处理,但账务处理不正确。按企业会计制度规定:处理材料和产成品毁损时,应转出毁损材料的增值税进项税额。

1.假如该批毁损的甲材料无残值,批准处理前：

　　借:待处理财产损益　　　　　　　　　　　　　　　　　　912 600
　　　　贷:原材料——假材料　　　　　　　　　　　　　　　　780 000
　　　　　　应交税费——应交增值税(进项税额转出)　　　　132 600

批准处理后:

　　借:营业外支出　　　　　　　　　　　　　　　　　　　　912 600
　　　　贷:待处理财产损益　　　　　　　　　　　　　　　　912 600

2.若产成品毁损18 000元应合理估计其所耗材料价值,如估计耗料12 000元,则转出增值税进项税额的会计分录为:

5 000×17%＋12 000×17%＝2 890(元)

　　借:待处理财产损益　　　　　　　　　　　　　　　　　　2 890
　　　　贷:应交税费——应交增值税(进项税额转出)　　　　2 890 |

存货储存与盘点业务
错弊风险提示

- 确定存货结存数量的方法选择不当
- 存货账实不符
- 未按规定的程序和方法及时处理存货的盘盈和盘亏
- 存货在储存过程中发生非正常损失时,相应的"进项税额"未转出,增加了增值税的抵扣额
- 存货积压期长,占用资金数额大,结构不合理

4.3 固定资产业务的查账标准与演练

4.3.1 固定资产增减业务的查账标准与演练

(1) 固定资产增加业务的查账标准与演练

① 固定资产增加业务的查账标准。

企业固定资产的增加有购建、其他单位投资转入、固定资产改良、盘盈、有偿和无偿调入及馈赠等途径。对增加的固定资产进行审查的目的在于防止企业虚增资产。其具体的查账标准如表 4-11 所示。

表 4-11 固定资产增加业务的查账标准表

审查内容			查账标准
固定资产增加的合法性、合理性	购进的固定资产		应重点检查购进有无计划及其审批手续,购进数量和质量是否符合购进计划的要求,购进固定资产的计价是否正确等内容
	建造的固定资产	建造前期	检查其可行性研究及有关手续是否齐备,建造资金是否落实
		施工阶段	检查其费用的核算是否正确
		完工交付	检查工程决算编制是否合理,成本核算是否正确,交付使用财产是否有漏转项目等
	投资转入的固定资产		应重点检查其投入资产是否经有关部门批准,是否经过了有关部门或机构的评估,转入手续是否完备,价格是否合理,是否真正为企业所需,质量是否合格,有无以次充好等问题
	调入的固定资产		重点检查调出企业所填制的固定资产调拨单和被检查企业填制的验收单,核对双方所列的数量和项目是否相符。有偿调入的固定资产还应检查其价格是否合理
	盘盈的固定资产		重点检查其是否确为未曾入账或超过账面数量的固定资产,账务处理是否正确

续表

审查内容		查账标准
增加固定资产的计价方法		在查账时,要对照国家有关政策规定,查明固定资产的来源,对其计价方法的特殊性予以检查
固定资产的所有权	外购的机器设备等	经审核采购发票、购货合同等即可确定
	房地产类固定资产	尚需查阅有关的合同、产权证明、财产税单、抵押贷款的还贷凭据、保险单等书面文件
	融资租入的固定资产	应验证有关租赁合同,证实其并非经营租赁
	汽车等运输设备	应验证有关执照等
	受留置权限制的固定资产	审核单位的有关负债项目即可检查证实,但在验证固定资产所有权时,仍需查明是否确实存在此类固定资产
对购入的固定资产进行实地观察,以确定其存在性		查账人员可以固定资产明细分类账为起点,进行实地追查,以证明会计记录中所列固定资产确实存在,并了解其目前使用状况;也可以实地为起点,追查至固定资产明细分类账,以获取实际存在的固定资产均已入账的证据

查账人员在完成上述固定资产增加业务的检查后,可将检查情况汇总在表4-12中,并做出检查说明及意见。

表4-12 固定资产增加情况检查表

单位(部门)			签 名		日 期				
项 目			编制人		索引号				
截止日	年　月　日		复核人		页 次				
月	日	凭证号	固定资产类别	固定资产名称	增加情况			测试情况	
					数量	原价	累计折旧	1　2　3	4　5　6
检查内容: 1.新增固定资产的计价正确 2.新增固定资产原始凭证手续齐备 3.新增固定资产计提折旧方法正确 4.新增固定资产归单位所有 5.新增固定资产的会计处理正确 6.新增固定资产划清资本性支出与收益性支出界限					检查说明及检查意见:				

② 固定资产增加业务的查账演练。

 演练 4-14：将不相关业务费用计入固定资产成本

案情介绍	查账人员在对企业固定资产增加业务进行审查时，发现企业2016年12月购入一台机械设备，其入账成本为115 000元，其中固定资产价格80 000元，运税费、安装费等支出20 000元，雇佣专业人员测试费用10 000元。此外，为了让企业工作人员熟练操作这台设备，企业还支出5 000元用于对工作人员的培训。
问题分析	设备价款、运税费、安装费、测试费用等属于为了使机械设备达到可使用状态所发生的必要支出，应该计入固定资产的成本。但对工作人员的培训支出并不是为了使机械设备达到可使用状态所必需的，不应该计入固定资产的成本。
调查取证	查账人员通过查询购入这台机械设备的发票和相关交费单据，确认以上支出都是真实存在的。造成这项错弊的原因是会计人员对固定资产入账价值的区分不清楚，导致了核算错误。
错弊处理	明确该错弊事项后，会计人员应将多计入固定资产成本的5 000元转出，计入当期管理费用，并编制如下会计分录。 借：管理费用——职工教育经费　　　　　　　　　　　　　　　　5 000 　　贷：固定资产　　　　　　　　　　　　　　　　　　　　　　　　5 000

 演练 4-15：将固定资产列作低值易耗品

案情介绍	2016年3月10日查账人员在检查公司"低值易耗品"明细账时发现，该公司2015年5月新增63 000元的低值易耗品。该金额如此之大，引起了查账人员的怀疑。
问题分析	查账人员怀疑该项业务可能将固定资产错列为低值易耗品。按照企业会计制度规定：企业购置计算机硬件所附带的、未单独计价的软件，与所购置的计算机硬件一并作为固定资产管理，不应作为低值易耗品核算。
调查取证	查账人员调阅了2015年5月"周转材料"明细账如下。 **周 转 材 料** 一级科目：周转材料 子目或户名：低值易耗品 | 2015		凭证		摘要	借方	贷方	借或贷	余额
---	---	---	---	---	---	---	---	---
月	日	种类	号数					
				……				
5	10	记	157	购低值易耗品	63 000		借	78 000
				……					

续表

| 调查取证 | 查账人员调出 2015 年 5 月购进低值易耗品的 157 号记账凭证如下。

付 款 凭 证

2015 年 5 月 10 日

付字 第 157 号
贷方科目：银行存款

2015		凭证		摘要	借方	贷方	借或贷	余额
月	日	种类	号数					
				……				
5	10	记	157	购低值易耗品	63 000		借	78 000
				……				

财务主管：××× 记账：××× 出纳：××× 审核：××× 制单：×××

该记账凭证所附原始凭证有一张转账支票存根和一张购货发票，购货发票注明，该企业购入计算机 7 台，每台 9 000 元，共计 63 000 元，其中包括企业购置计算机硬件所附带的、未单独计价的软件若干。

购置这些电脑的费用已于 2015 年 5 月至 2015 年 11 月全部摊入费用，调出相关凭证。如下表。

转 账 凭 证

2015 年 5 月 21 日

转字 第 157 号
附件共 2 张

摘 要	总账科目	明细科目	借方金额	借或贷	贷方金额	借或贷
摊销当月低值易耗品	管理费用		9 000	借		
摊销当月低值易耗品	周转材料	低值易耗品			9 000	贷
合　　计			￥9 000		￥9 000	

财务主管：××× 记账：××× 出纳：××× 审核：××× 制单：×××

通过调查取证，查账人员得出结论，该公司错将固定资产当成低值易耗品进行处理，导致资产结构发生变化，也导致公司自 2015 年 5 月起各月的损益状况及所得税发生变化。 |

续表

错弊处理	①调整期初固定资产原值及相应少计提所得税,作如下会计分录。 　　借:固定资产　　　　　　　　　　　　　　　　　　63 000 　　　贷:应交税费　　　　　　　　　　　　　　　　　　15 750 　　　　以前年度损益调整　　　　　　　　　　　　　47 250 ②补提 2016 年 6 月至 12 月的折旧及相应可税前扣除的所得税,作如下会计分录。 　　借:以前年度损益调整　　　　　　　　　　　　　5 512.50 　　　应交税费　　　　　　　　　　　　　　　　　　1 837.50 　　　贷:累计折旧　　　　　　　　　　　　　　　　　　7 350 ③计提本年度的折旧 　　借:管理费用　　　　　　　　　　　　　　　　　　4 200 　　　贷:累计折旧　　　　　　　　　　　　　　　　　　4 200

固定资产增加业务错弊风险提示

- 固定资产计价方法的错误
- 固定资产价值构成范围的错弊
- 任意变动固定资产的账面价值
- 固定资产增加账务处理方面的错弊
- 固定资产增加业务本身不真实或某些不正当行为

(2) 固定资产减少业务的查账标准与演练

① 固定资产减少业务的查账标准。

固定资产减少的原因一般有:由于不能继续使用而报废,作为对外投资,无偿、有偿调出、盘亏、损毁或遭受非常事故等而减少。

在检查固定资产减少业务时,应分别据其减少原因,确定应采取的检查方法,确定一定的查账标准,具体说明如表 4-13 所示。

表 4-13　固定资产减少业务的查账标准表

减少原因	查账标准
出售及报废处理	由于不能继续使用,应主要检查审批手续是否健全,报废原因是否正常,清理报废的出售作价是否合理,以及有关报废清理的净损益等业务的账务处理是否正确
对外捐赠和投资	主要检查其捐赠或投资的原因是否合理,手续是否齐全,作价是否合理,会计账务处理是否正确等几项内容
盘亏和毁损	①对盘亏的固定资产要查明盘亏的原因,盘亏是否报经有关部门批准 ②对毁损的固定资产,要检查其毁损报告、毁损证据,合适毁损的原因,据以确定毁损的合理性,同时要检查毁损残值处理是否合理、合法
未做会计记录	①复核是否有本年新增加的固定资产替换了原有的固定资产 ②分析"营业外收支"等账户,查明有无处置固定资产所带来的收支 ③若某种产品因故停产,追查其专用生产设备等的处理情况 ④向单位的固定资产管理部门查询本年有无未作会计记录的固定资产减少业务

查账人员在完成固定资产减少业务的检查后,可将检查情况汇总在表 4-14 中,并做出检查说明与检查意见。

表 4-14　固定资产减少情况检查表

单位(部门)			签名			日期					
项目			编制人			索引号					
截止日	___年___月___日		复核人			页次					
月	日	凭证号	固定资产类别	固定资产名称	减少情况			测试情况			
					数量	原价	累计折旧	1	2	3	4	5	6
检查内容: 1.减少的固定资产是否经授权批准。 2.减少的固定资产是否归单位所有。 3.减少固定资产的会计处理是否恰当。 4.减少固定资产结转的金额是否正确。						检查说明及检查意见:					

② 固定资产减少业务的查账演练。

演练 4-16：对外捐赠的固定资产核算错误

案情介绍	查账人员在对企业固定资产审查时,发现一笔对外捐出设备的业务,该设备原值为 70 000 元,已提折旧 20 000 元,已提固定资产减值准备 5 000 元。 于是调出如下凭证: 借:营业外支出　　　　　　　　　　　　　　　　　　　50 000 　　累计折旧　　　　　　　　　　　　　　　　　　　　20 000 　　贷:固定资产　　　　　　　　　　　　　　　　　　　　70 000 该凭证未附任何原始凭证。
问题分析	查账人员认为对外捐赠业务应通过"固定资产清理"账户进行核算,而且固定资产减少时,应冲销其相应的减值准备。该企业对外捐赠的固定资产核算是错误的。
调查取证	查账人员调查了该企业的会计人员及经办人员,管理部门有关人员与接受捐赠方取得联系,该设备是企业转产后不需要的一台设备,受赠方为残疾人福利厂。经福利厂有关人员证实该笔业务确系捐赠,福利厂也没有发生与该设备相关的支出。

续表

错弊处理	如在当年查清,其会计分录如下: 借:固定资产减值准备　　　　　　　　　　　　　　　　5 000 　　贷:营业外支出　　　　　　　　　　　　　　　　　　　　5 000 如在次年查清,除作以上会计分录外,还需作如下会计分录: 借:营业外支出　　　　　　　　　　　　　　　　　　　5 000 　　贷:以前年度损益调整　　　　　　　　　　　　　　　　5 000 补交所得税,税率为30%,其会计分录如下: 借:以前年度利润调整　　　　　　　　　　　　　　　1 500 　　贷:应交税费——应交所得税　　　　　　　　　　　　1 500 借:以前年度损益调整　　　　　　　　　　　　　　　3 500 　　贷:利润分配——未分配利润　　　　　　　　　　　　3 500 净利润的10%计提盈余公积,50%分配给股东: 借:利润分配——未分配利润　　　　　　　　　　　　2 100 　　贷:盈余公积　　　　　　　　　　　　　　　　　　　　350 　　　　应付股利　　　　　　　　　　　　　　　　　　　1 750

演练 4-17: 出售固定资产的核算错误

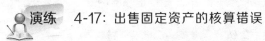

案情介绍	查账人员 2016 年 12 月在对企业固定资产进行查账时发现 8 月发生一项固定资产出售业务。调出凭证如下: 借:银行存款　　　　　　　　　　　　　　　　　　80 000 　　累计折旧　　　　　　　　　　　　　　　　　　20 000 　　贷:固定资产——车床　　　　　　　　　　　　　　100 000
问题分析	查账人员在审查过程中,发现了如下问题。 ①没有在"固定资产清理"账户中核算出售过程; ②一般固定资产的出售价格很少与固定资产净值正好相符。怀疑该固定资产出售业务有隐瞒收入、漏交增值税等情况。
调查取证	查账人员调出了车床期日接近的银行存款账目,发现另有收到由购买车床单位支付的款项 20 000 元,其相应的凭证为: 借:银行存款　　　　　　　　　　　　　　　　　　20 000 　　贷:其他应付款　　　　　　　　　　　　　　　　20 000 而会计人员不肯说出 20 000 元为何款项,进一步调查才知道,该车床共得收入 100 000 元,企业为了将 20 000 元存入小金库,而作如上处理。

	续表
错弊处理	由于该业务在当年年终决算前发现，需对已作的账务处理做如下调账： 借：其他应付款　　　　　　　　　　　　　　　　　20 000 　　贷：银行存款　　　　　　　　　　　　　　　　　　20 000 借：固定资产清理　　　　　　　　　　　　　　　　80 000 　　累计折旧　　　　　　　　　　　　　　　　　　20 000 　　贷：固定资产　　　　　　　　　　　　　　　　　100 000 借：银行存款　　　　　　　　　　　　　　　　　　117 000 　　贷：固定资产清理　　　　　　　　　　　　　　　80 000 　　　　应交税费——未交增值税　　　　　　　　　　17 000 　　　　营业外收入　　　　　　　　　　　　　　　　20 000

固定资产减少业务错弊风险提示

- ■ 固定资产减少业务不真实
- ■ 固定资产出售业务错弊
- ■ 固定资产报废、毁损的业务处理发生错弊
- ■ 盘亏的固定资产业务错弊

4.3.2　固定资产修理业务的查账标准与演练

（1）固定资产修理业务的查账标准

对固定资产修理发生的费用支出可分为大修理费用和小修理费用两类。在具体的查账时，应分别这两类费用进行检查，其检查标准如表4-15所示。

表4-15　固定资产修理核算的查账标准表

审查内容	查账标准
修理费用内容的合理性	①应通过"生产成本""长期待摊费用""管理费用"等生产或经营费用的明细账查找有异常的数字、业务内容等，从而发现问题的线索或疑点 ②调阅有关的会计凭证用其所附原始凭证等有关会计资料，辅以必要的询问，从而查证问题
修理费用归集的合理性	①检查是否将列入的"期间费用"和"制造费用"相混淆，其归集是否错误 ②对修理费用发生不均衡、数额较大的，不采用待摊或预提的办法，而是在支付时一次列入有关费用 ③对待摊费用的处理是否正确 ④检查时应通过查阅"长期待摊费用""管理费用""制造费用"等明细账中有关记录内容来发现问题线索或疑点，然后调阅对应的会计凭证、进行账账、账证、证证核对来查证问题
修理费用开支水平的合理性	①通过审阅检查被查单位的有关费用会计凭证等会计资料，确定其在过去一定时期内修理费用的具体金额以及占同期产品或商品销售收入的百分比 ②将其与企业过去的平均修理费用水平及同行业修理费用的平均水平进行对比分析，在考虑被查单位具体情况的基础上确定其开支是否过高，是否影响企业的经济效益

（2）固定资产修理业务的查账演练

 演练 4-18：假借修理知名，贪污公款

案情介绍	查账人员2016年11月对企业固定资产修理费进行专项专项审查，发现该企业"其他应付款"总分类账户借方在2016年4月、5月、7月连续发生了金额为25 000元、20 000元、17 000元的记录。
问题分析	查账人员觉得这些支出过于集中，怀疑其中存在问题。
调查取证	查账人员进一步审阅了"其他应付款"明细账，了解到这三笔支出均为该企业汽车大修理支出。于是查账人员又进一步审查了该企业有关汽车的固定资产卡片，根据卡片上有关大修理的记录，证实确有2016年4月、5月对两辆汽车的大修理业务，金额也确为25 000元、20 000元，查阅其记账凭证后附有转账支票存根及××汽配厂开具的修理费发票，但2016年7月的大修费在固定资产卡片上虽有记录，而调其记账凭证，后面附有一张开给××汽配厂的转账支票存根，无其他单据。 查账人员在与××汽配厂取得联系，财务人员吞吞吐吐，经查，并未发生真实大修理业务，是假借修理之名，与××汽配厂相关人员合谋，贪污企业公款，双方私分。
错弊处理	查账人员做出处理意见，责令责任人退回公款并编制以下会计分录。 借：银行存款　　　　　　　　　　　　　　　　　　　　17 000 　　贷：其他应付款　　　　　　　　　　　　　　　　　　　17 000

 演练 4-19：将固定资产清理的支出计入生产成本

案情介绍	查账人员在对企业的固定资产清理业务进行审查时，发现有一笔公司拆除变电站的业务，会计分录如下所示。 借：固定资产清理——变电站　　　　　　　　　　　　　　　6 000 　　累计折旧——变电站　　　　　　　　　　　　　　　　194 000 　　贷：固定资产——变电站　　　　　　　　　　　　　　　200 000 将拆除变电站的废料出售时，获得收入15 000元，有如下分录。 借：银行存款　　　　　　　　　　　　　　　　　　　　15 000 　　贷：固定资产清理——变电站　　　　　　　　　　　　　15 000 最终结转固定资产清理损益时，有如下分录。 借：固定资产清理——变电站　　　　　　　　　　　　　　9 000 　　贷：营业外收入　　　　　　　　　　　　　　　　　　　9 000
问题分析	拆除变电站的工作需要由专业技术人员完成，并且费时费力，要耗费人工成本。但是在相关业务处理中，查账人员找不到这笔支出的分录。

续表

调查取证	通过向会计人员询问并查阅有关记录,查账人员确认这次拆除工作是由本单位技术人员完成的。应该由拆除工作负担的人工成本为 20 000 元。 会计人员在进行会计处理时,一方面为了核算方便,另一方面也为了虚增产品成本,将这笔支出直接计入产品的生产成本,分录如下。 借:生产成本　　　　　　　　　　　　　　　　　　　　　　　　　20 000 　　贷:应付职工薪酬　　　　　　　　　　　　　　　　　　　　　　20 000
错弊处理	查明存在的错弊后,会计人员应将以上错误的分录用红字冲销,重新将拆除工作应负担的人工费用作为拆除成本入账,并编制新的分录。

固定资产修理业务错弊风险提示

- 固定资产修理业务及其支出不真实
- 固定资产修理费用的列支不合理

4.3.3　固定资产折旧业务的查账标准与演练

（1）固定资产折旧业务的查账标准

固定资产折旧,是指企业的固定资产在使用过程中,通过损耗而逐渐转移到产品成本或商品流通费的那部分价值。对固定资产折旧的审查主要包括两个方面:一是固定资产折旧计提范围的检查,二是检查折旧方法和账务处理。具体的查账标准如表 4-16 所示。

表 4-16　固定资产折旧业务的查账标准表

审查内容		查账标准
固定资产折旧计提范围	分析企业固定资产分类状况	要注意检查固定资产与低值易耗品的划分是否清楚,固定资产是否按固定进行了正确分类,使用年限的运用是否得当
	是否按规定计提折旧	检查尚未提足折旧提前报废的固定资产和已提足折旧的仍在使用的固定资产,是否按规定计提了折旧或不计提折旧
	增减固定资产折旧的提取是否合理	月内新投入使用的固定资产是否执行了当月不计提折旧,从下月起始计提的规定
固定资产折旧方法和折旧额	年限平均法	①检查固定资产原值,主要是对"固定资产"的总分类账户、二级账户和固定资产登记簿,以及固定资产卡片上记载的金额进行核对,查明同一固定资产原值记载是否相同,计算有无错误,并找出原因 ②检查折旧率,主要是检查企业是否按照国家规定的折旧年限和净残值进行计算,折旧率在会计年度间是否有变化,如有变化,是否有财政部门的审批,或报财政部门备案
	工作量法	①检查实际工作量计算是否正确,是否有完整的使用记录和产量记录 ②固定资产预计在整个寿命期中可完成的工作是否正确,是否参照了固定资产技术设计资料的规定或同类固定资产的历史资料
	双倍余额递减法	①检查企业是否经过批准,折旧率和折旧额计算是否正确 ②企业在实际快速折旧后是提高了经济效益还是由盈转亏
	年限总和法	①检查要点是折旧率的计算是否正确 ②使用年限是否按规定运用,实行年限总和折旧法是否得到相应财政部门的批准,企业采用年限总和法后经济效益是否有所改善

(2) 固定资产折旧业务的查账演练

 演练 4-20：固定资产折旧年限不符合规定

案情介绍	查账人员在对企业 2016 年 10 月的固定资产折旧业务进行审查时，发现企业 2016 年 9 月购入一台钢轮式压路机，从 10 月开始计提折旧。这台机械设备账面价值 300 000 元，预计使用 5 年，残值率 5%。财务人员对该固定资产按直线法计提折旧，每月计提 4 750 元。
问题分析	根据《中华人民共和国企业所得税法实施条例》第六十条规定，机器、机械和其他生产设备的最低折旧年限为 10 年。企业按 5 年对该固定资产折旧违反了该条例。
调查取证	通过对购货发票进行审核，确认这台挖掘机属于条例中的"机器、机械和其他生产设备"一类，应按照不少于 10 年计提折旧。 经过询问后会计人员承认，是自己为了多确认企业成本，少交所得税，故意缩减了固定资产的折旧年限。
错弊处理	确认错弊事项后，查账人员应向相关领导汇报情况，申请调整该项固定资产的折旧年限。假设改为 10 年，该项固定资产每月应该计提的折旧为 2 375 元。会计人员需要将本月计提折旧的错误记录用红字冲销，然后用蓝字编制正确的凭证入账，其分录如下。 借：制造费用　　　　　　　　　　　　　　　　　　　　　2 375 　　贷：累计折旧——钢轮式压路机　　　　　　　　　　　　　　　2 375

 演练 4-21：出租固定资产未计提折旧

案情介绍	2016 年 12 月，查账人员在对企业的固定资产折旧进行审查时，发现企业 2016 年 11 月的固定资产折旧额比 2016 年 10 月有明显减少。
问题分析	累计折旧额明显减少，可能存在错弊事项，查账人员应进一步审查原因。
调查取证	经审查后，查账人员发现企业有一栋厂房，2016 年 9 月之前一直自用，每月计提折旧 5 000 元。2016 年 10 月后，企业因为改变经营策略，将这栋厂房出租，因此就没有再对其计提折旧。 经营出租的固定资产仍属于企业的正式资产，虽然未被企业使用，但仍应该计提折旧。企业财务人员利用少提折旧的办法，虚增企业利润。
错弊处理	查明该错弊事项后，会计人员应对这栋厂房补提折旧。此时企业已经两个月未对该固定资产计提折旧，折旧额为 10 000 元。应编制如下会计分录。 借：其他业务支出　　　　　　　　　　　　　　　　　　　　10 000 　　贷：累计折旧　　　　　　　　　　　　　　　　　　　　　　　10 000

固定资产折旧业务
错弊风险提示

- 使用折旧方法不适当
- 随意改变折旧率，调节成本利润
- 不当的折旧计提范围
- 折旧年限的确定不合规定
- 估计较高的固定资产残值

4.4 无形资产业务的查账标准与演练

4.4.1 无形资产增加业务的查账标准与演练

（1）无形资产增加业务的查账标准

企业的无形资产增加一般分为两种情况：一是企业创办初期，投资人作为投资投入的；二是企业在经营过程中购入、自行开发或者接受捐赠形成的。

无形资产增加业务的审查内容包括对无形资产增加是否真实、无形资产计价是否合理两个方面，具体的查账标准如表 4-17 所示。

表 4-17　无形资产增加业务的查账标准表

审查内容	查账标准
无形资产增加是否真实	①审查增加的无形资产是否有合法的证明文件，如购入或者接受捐赠的无形资产是否办理了产权转让手续，自行开发的无形资产是否经过了法定程序申请 ②审查无形资产是否在法定有效期内，如专利权是否超过了法定保护期限等
无形资产计价是否合理	①审查购入的无形资产是否按照发票价值和其他直接相关费用的合计数入账 ②审查自行开发的无形资产是否将依法取得时发生的注册费、聘请律师费等费用入账 ③对于需要估价入账的无形资产，审查是否经过法定评估，还是擅自对其随意入账

（2）无形资产增加业务的查账演练

 演练　4-22：自行研发无形资产的入账价值错误

案情介绍	查账人员在审查企业无形资产业务相关账目时，发现公司在 2016 年 1 月 1 日开始研究开发一项新专有技术 A，至 2016 年 10 月 10 日开发成功并投入生产，共发生研究费用 300 000 元，开发费用 2 000 000 元。而账目上该无形资产的入账价值却为 2 300 000 元。
问题分析	查账人员怀疑是否将应计入当期损益予以费用化的研究费用计入了无形资产的价值中，于是展开调查。

续表

调查取证	于是查账人员翻阅了相关账簿,其会计分录如下。 　借:无形资产　　　　　　　　　　　　　　　　　　　　2 300 000 　　贷:研发支出——资本化支出　　　　　　　　　　　　　　　2 300 000 由上述分录可知,会计人员将计入当期损益应予以费用化的研究费用计入了无形资产的价值中,虚增了无形资产的价值。
错弊处理	于是查账人员责令会计人员做了如下分录调整: 　借:研发支出——资本化支出　　　　　　　　　　　　　　　300 000 　　贷:无形资产　　　　　　　　　　　　　　　　　　　　　300 000 　借:管理费用　　　　　　　　　　　　　　　　　　　　　2 000 000 　　贷:研发支出——费用化支出　　　　　　　　　　　　　　2 000 000

 演练 4-23:虚构商誉,造成无形资产虚增

案情介绍	查账人员在审查企业无形资产时,发现其中有商誉作价 400 000 元,再审查无形资产明细账和实收资本有关明细账,却没有该商誉的事项记录。
问题分析	查账人员怀疑会计人员有可能虚构了商誉 400 000 元,造成了企业无形资产虚增,实收资本不实的假象。于是展开调查。
调查取证	查账人员调阅了该笔商誉业务的相关账目,其会计分录处理如下。 　借:无形资产　　　　　　　　　　　　　　　　　　　　　400 000 　　贷:实收资本　　　　　　　　　　　　　　　　　　　　　400 000 然后查阅了无形资产明细账和实收资本有关明细账,并没有与企业单位合并或其他可能产生商誉的事项记录。
错弊处理	查账人员责令会计人员做如下分录处理。 (1)该企业尚未对商誉进行摊销 若该企业尚未对商誉进行摊销,可作如下分录处理: 　借:实收资本　　　　　　　　　　　　　　　　　　　　　400 000 　　贷:无形资产——商誉　　　　　　　　　　　　　　　　　400 000 (2)该企业已经对商誉进行了摊销 若该企业已摊销商誉 80 000 元,则应作如下会计分录: 　借:实收资本　　　　　　　　　　　　　　　　　　　　　400 000 　　贷:无形资产——商誉　　　　　　　　　　　　　　　　　320 000 　　　　本年利润　　　　　　　　　　　　　　　　　　　　　80 000 　借:本年利润　　　　　　　　　　　　　　　　　　　　　20 000 　　贷:应交税费——应交所得税　　　　　　　　　　　　　　20 000 　借:应交税费——应交所得税　　　　　　　　　　　　　　20 000 　　贷:银行存款　　　　　　　　　　　　　　　　　　　　　20 000

```
      无形资产增加业务
       错弊风险提示
```

- 无形资产增加不真实、不合规。如增加无形资产没有合法的证明文件，有些无形资产已超出了法定有效期等
- 无形资产计价不合规、不正确。如投资者作为资本金或合作条件投入的，不按评估确认或者合同、协议约定金额计价等

4.4.2 无形资产投资转出的查账标准与演练

（1）无形资产投资转出的查账标准

企业无形资产投资转出业务包括无形资产出售转让、投资转出等。在不同的业务发生时，无形资产的查账标准也会有所区别，具体说明如表4-18所示。

表4-18 无形资产投资转出的查账标准表

审查内容	查账标准
无形资产出售转让	①无形资产的出售转让业务是否合法，是否取得相关法律手续 ②无形资产的售价是否合理，出售获得的收益是否低于企业继续使用该无形资产能够获得的收益 ③无形资产价款回收是否及时 ④无形资产出售转让的账务处理是否正确
无形资产投资转出	①无形资产投资行为是否经过了科学的决策程序，是否经过了可行性分析 ②无形资产转出的计价是否合理 ③无形资产转出的会计处理是否正确

（2）无形资产投资转出的查账演练

 演练 4-24：转让无形资产业务的收益或损失的会计处理错误

案情介绍	2016年3月，查账人员对公司无形资产项目进行查账后，发现该企业在2016年1月份有一笔向外转让无形资产业务，取得收入200 000元，该项无形资产的账面价值为170 000元。在审查企业其他业务收入和其他业务支出账目时，发现有些业务的记录，但怀疑账务处理有误。
问题分析	查账人员认为将出售无形资产的收益或损失计入其他业务收支中是不合理的，而且查账人员在审查过程中也没有发现销售无形资产产生的应交增值税的相关账务处理。
调查取证	查账人员调出1月23号凭证，其会计分录如下。 　　借：银行存款　　　　　　　　　　　　　　　　200 000 　　　　贷：其他业务收入　　　　　　　　　　　　　200 000 　　借：其他业务支出　　　　　　　　　　　　　　170 000 　　　　贷：无形资产　　　　　　　　　　　　　　　170 000 根据会计制度的规定，企业在出售无形资产，按实际取得的转让收入，借记"银行存款"等科目；按该项无形资产已计提的减值准备，借记"无形资产减值准备"科目；按无形资产的账面余额，贷记"无形资产"科目；按应支付的相关税费，贷记"银行存款""应交税费"等科目；按其差额，贷记"营业外收入——出售无形资产收益"科目或借记"营业外支出——出售无形资产损失"科目。

续表

错弊处理	查账人员责令会计人员做了如下分录处理。 借：其他业务收入　　　　　　　　　　　　　　200 000 　贷：其他业务支出　　　　　　　　　　　　　170 000 　　　应交税费——应交增值税　　　　　　　　12 000 　　　营业外收入　　　　　　　　　　　　　　18 000

  演练 4-25：为偷逃所得税，将无形资产转出收入计入"营业外收入"

案情介绍	查账人员在审查无形资产转出有关情况时，了解到企业向外转让专有技术取得转让收入 100 000 元，该专有技术账面价值 50 000 元，在营业外收支明细账中发现此笔记录，其会计分录如下。 借：银行存款　　　　　　　　　　　　　　　100 000 　贷：营业外收入　　　　　　　　　　　　　100 000 借：营业外支出　　　　　　　　　　　　　　　50 000 　贷：无形资产　　　　　　　　　　　　　　　50 000
问题分析	查账人员认为该无形资产转出业务收入应计入其他业务收入明细账中，不应该计入营业外收入明细账中。
调查取证	于是查账人员进一步审阅其他业务收入和其他业务支出明细账，并无此项业务。于是查账人员判定这是会计人员将本应记入其他业务收入其他业务收支的项目错列作营业外收支，客观上逃避了转让无形资产应交的增值税。
错弊处理	查账人员责令会计人员做如下账务处理。 (1) 问题是在当月查证的 如果问题是在当月查证的，可作如下分录处理。 借：营业外收入　　　　　　　　　　　　　　100 000 　贷：其他业务收入　　　　　　　　　　　　100 000 借：其他业务支出　　　　　　　　　　　　　　50 000 　贷：营业外支出　　　　　　　　　　　　　　50 000 借：其他应收款　　　　　　　　　　　　　　　6 000 　贷：应交税费——应交增值税　　　　　　　　6 000 (2) 问题是在发生当月以后查证的 如果问题是在发生当月以后查证的，可作如下分录处理。 借：本年利润　　　　　　　　　　　　　　　　6 000 　贷：应交税费——应交增值税　　　　　　　　6 000 借：应交税费——应交增值税　　　　　　　　　6 000 　贷：银行存款　　　　　　　　　　　　　　　6 000

```
┌─ 无形资产投资转出业务
│   错弊风险提示
└──────────────────────┐
  ■ 无形资产投资转出不合法。如没有审批手续，或审批手续伪造等
  ■ 无形资产投资转出的计价不正确、不合理
  ■ 投资转出无形资产的价款收回不及时，账务处理错误
```

4.4.3 无形资产摊销业务的查账标准与演练

(1) 无形资产摊销业务的查账标准

企业早对无形资产摊销进行审查时，具体的查账标准如表4-19所示。

表4-19 无形资产摊销业务的查账标准表

审查内容	查账标准
摊销期限是否合理	①收集有关无形资产的法规及其证书，如专利法、商标法、版权法和专利权证书、商标证明书等，了解被审查的无形资产有无法定使用年限 ②查阅企业的有关合同、协议和申请数，了解是否对无形资产的期限作出规定 ③根据收集到的有关资料判断企业无形资产有效期限的确定是否正确、合规：如果法律和合同、申请书中均规定有法定有效期和受益期的，应审查企业是否将其中最短的期限作为有效期限，有无违反规定按最长或较长的期限作为有效期限；对法律无规定，企业合同或申请书有规定受益期限，应审查企业确定的有效期限与合同或申请书的规定受益期限是否一致；对法律、企业合同和申请书中均无规定有效期限的，应审查企业确定的有效期限是否不低于10年
摊销金额是否合理	审查无形资产摊销金额计算是否正确，其计算公式：无形资产摊销额＝无形资产价值/无形资产有效使用期限
摊销核算是否合理	审查企业无形资产摊销是否按规定列入管理费用，有无与其他费用、开支，如制造费用、销售费用、营业外支出、其他业务支出、在建工程支出相混淆的情况

(2) 无形资产摊销业务的查账演练

 演练 4-26：人为调节无形资产的入账价值

案情介绍	查账人员在对企业2016年12月的无形资产摊销额进行审查时，发现企业在该月之前每个月的无形资产摊销额都是2 000元左右，而12月份却达到了20 000元。
问题分析	无形资产摊销额大幅增加，要么是企业增加了大量无形资产，要么是存在错弊现象，应该继续查证。
调查取证	查账人员通过检查企业无形资产明细表和无形资产明细账、总账等会计资料，并没有发现近期企业有无形资产大量增加的业务。因此可以判断，12月份无形资产摊销额大幅增加，必然是存在错弊事项。 通过对财务人员进行询问，对方承认是为了压低企业利润，故意多摊销无形资产的价值。当月本应摊销的金额为2 000元。

续表

错弊处理	查明该事项后，财务人员需要用红字冲销错误的凭证记录，同时用蓝字编制一张正确的凭证入账，如下所示。
	
	借：管理费用——无形资产摊销 2 000
	  贷：累计摊销 2 000
	
	如发现错弊时企业已结转了本年利润，还应该调增本年利润18 000元，同时将多结转的管理费用冲销，并编制如下分录。
	
	借：管理费用——无形资产摊销 18 000
	  贷：本年利润 18 000
	
	假设企业所得税率25%，应补提所得税额＝18 000×25%＝4 500(元)，编制如下分录。
	
	借：本年利润 4 500
	  贷：应交税费——应交所得税 4 500
	
	补交所得税时，会计分录如下。
	
	借：应交税费——应交所得税 4 500
	  贷：银行存款 4 500

  演练 4-27：无形资产摊销的会计处理不正确

案情介绍	2016年1月，查账人员在审查公司2015年度会计报表时，发现管理费用明显高于上年度的水平。
问题分析	查账人员认为只有当无形资产预期不能为企业带来经济利益时，企业才能将该无形资产的账面价值予以转销。在查账过程中，会计人员不能拿出全部摊销无形资产成本的合理理由，因此，可以认定其相关会计处理存在错误。
调查取证	查账人员通过查阅管理费用明细账发现，公司将尚有6年使用期限的"商标权"的摊余价值300 000元全部计入"管理费用"账户。公司管理部门没有拿出全部摊销无形资产成本的合法证据。其会计分录如下： 借：管理费用 300 000 贷：无形资产 300 000 根据有关规定，无形资产应当自取得当月起在预计使用年限内分期平均摊销，并计入损益。

错弊处理	查账人员责令会计人员做如下账目调整。
	(1)调整"无形资产""以前年度损益调整"账户记录。
	
	借：无形资产 250 000
	  贷：以前年度损益调整 250 000
	
	(2)补计应交所得税(税率为33%)，作会计分录如下。
	
	借：以前年度损益调整 82 500
	  贷：应交税费——应交所得税 82 500
	借：以前年度损益调整 167 500
	  贷：利润分配——未分配利润 167 500
	
	净利润的10%计提盈余公积，50%分配给股东。
	
	借：利润分配——未分配利润 100 500
	  贷：盈余公积 16 750
	    应付股利 83 750

无形资产摊销业务错弊风险提示

- 无形资产摊销期限不合理、不合规，对已确定合理摊销期限任意变动
- 无形资产未计入管理费用中，而是摊入生产费用或销售费用中
- 任意多摊或少摊无形资产，人为地调节财务成果的高低

第 5 章

实账演练——对企业负债进行查账

5.1 短期借款的查账标准与演练

5.1.1 短期借款的查账标准

短期借款是指企业向银行或其他金融机构等借入的期限在 1 年以下（含 1 年）的各种借款。查账人员在对短期借款业务进行审查时，应以短期借款的真实性、合规性、完整性和准确性作为审查内容，具体的查账标准如表 5-1 所示。

表 5-1 短期借款的查账标准表

审查内容	查账标准
短期借款真实性	①审查有关借款的账簿记录、借款凭证及有关文件,确定借款业务的真实性 ②将短期借款总账余额与其明细账核对,确定其一致性,如有不符应查明原因 ③利用银行借款对账单与短期借款余额核对,编制调节表进行调节 ④短期借款期末余额较大或有关业务的内部控制存在薄弱环节时,应对有关债权人进行询证
短期借款合规性	①审查账簿记录,验证短期借款账户借方发生额同有关付款凭证是否相符,抵押手续是否齐全 ②还款日期与借款合同内容核对,确定还款的及时性 ③短期借款实际用途是否与合同约定用途相符 ④短期借款是否存在逾期。如果逾期偿还,需查明原因和责任 ⑤分析利息费用账户,如果利息实际支出大于账面反映的应付利息,应进一步审查利息支出凭证,检验是否存在隐瞒借款的情况
账务处理完整性	①审查各项借款的日期、利率、还款期限及其他条件,确定有无低计短期借款或将短期借款记入长期负债账户的问题 ②向单位开户银行或其他债权人询证,确定有无未登记的短期借款负债
利息计算准确性	①根据短期借款的有关资料,验算应付利息费用 ②分析利息费用账户,检验利息计提方法,是否存在虚记费用的情况 ③了解利息支出、利率及利息支付期限等,验证利息支出是否合理 ④将计算结果与期初应付、预付及期末应付、预付勾稽核对。并查明相关会计记录是否准确

5.1.2 短期借款的查账演练

 演练 5-1：短期借款使用范围不当

案情介绍	在进行年终查账时，通过审查账簿记录，查账人员发现企业存在一笔短期借款。翻阅借款合同，该项短期借款为与 B 银行签订，合同金额为 80 000 元，合同日期为 2016 年 12 月 10 日，其载明款项用途为农副产品预购定金。
问题分析	通过函证供货方企业，供货方企业表示，以前年度农副产品采购款项已经全部结清，且近期并未收到企业支付的农副产品预订金。查账人员认为，企业的短期借款资金未按合同载明的用途使用，这种情况是不正常的。
调查取证	通过审阅账簿，查账人员发现，2016 年 12 月 11 日，企业存在一笔购入股票交易，借方科目为"交易性金融资产"，贷方科目为"银行存款"，金额刚好为 80 000 元。通过询问，会计人员承认，当期股票市场进入牛市，根据领导指示将短期借款资金用于炒股。 企业管理人员受到利益驱动，挪用短期借款资金进行股票投资。
错弊处理	应将投入股市的资金撤回，用于预付农产品订金。卖出股票，退回资金，假设股票卖出价格与买入价格相同，且不考虑手续费，其会计分录如下。 　借：银行存款　　　　　　　　　　　　　　　　　　　　　　　　　　80 000 　　贷：交易性金融资产　　　　　　　　　　　　　　　　　　　　　　　80 000

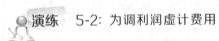 **演练 5-2：为调利润虚计费用**

案情介绍	在年终查账时，通过对利润表的审查，查账人员发现，企业年末的净利润为 600 000 元，远远低于上一个年度 1 200 000 元的水平。而其他报表数据显示，企业的生产经营活动与往年并无较大差异，商品销售量比上一个年度还有所增加。
问题分析	通过对利润表的分析，查账人员发现，造成净利润大幅下降的关键因素是财务费用，本年度财务费用为 800 000 元，而上一个年度的财务费用仅为 200 000 元。查账人员认为，在企业商品总体产量与销售均保持稳定的情况下，财务费用增长过猛是不正常的。
调查取证	查账人员在财务费用明细账中，发现造成财务费用大幅增长的原因是借款利息大幅增加。2015 年 12 月末，会计人员将短期借款利息 600 000 元计提"财务费用"。而通过查看借款合同，借款利息 600 000 元应于 2016 年 9 月 25 日合同到期时支付。可以发现，会计人员提前将利息费用在 2015 年度全部计提。 按照规定，利息应采用预提的方法，每月按照 60 000 元计入财务费用。企业为了缩小年度利润，逃避所得税，而有意虚计利息费用，虚增利息费用 540 000 元。
错弊处理	应将虚计的 540 000 元利息冲回。其会计分录如下。 　借：应付利息　　　　　　　　　　　　　　　　　　　　　　　　　　540 000 　　贷：财务费用　　　　　　　　　　　　　　　　　　　　　　　　　540 000 补交所得税，假设税率为 30%，补交所得税金额＝540 000×30%＝162 000(元)，其会计分录如下。 　借：以前年度损益调整　　　　　　　　　　　　　　　　　　　　　　162 000 　　贷：应交税费——应交所得税　　　　　　　　　　　　　　　　　　162 000

第 5 章　实账演练——对企业负债进行查账

短期借款业务
错弊风险提示

- 取得短期借款时没有物资保证或物资保证不足
- 短期借款未按规定的用途使用
- 短期借款的归还不及时、不足额
- 虚计费用，调节利润
- 短期借款与长期借款混淆

5.2 应付票据的查账标准与演练

5.2.1 应付票据的查账标准

应付票据是出票人出票，委托付款人在指定日期无条件支付确定的金额给收款人或者持票人的票据。对企业应付票据进行审查，应主要从其是否逾期、是否存在利用其拖欠货款、是否利用其侵吞财物等方面，具体的查账标准如表5-2所示。

表 5-2　应付票据的查账标准表

审查内容	查账标准
应付票据逾期是否处理	①获取或编制应付票据明细表，复核加计是否正确，并与报表数、总账数和明细账合计数核对是否相符 ②检查应付票据备查簿，抽查资产负债表日后已偿付的应付票据，检查有无未入账的应付票据，核实其是否已付款并转销 ③查明逾期未兑付票据原因，检查逾期的银行承兑汇票是否转入"短期借款"账户，逾期的商业承兑汇票是否已转入"应付账款"账户，带息票据是否已停止计息，是否存在抵押票据的情形等。发现未处理的情况，要求会计人员及时进行补登处理
是否利用应付票据拖欠货款	①审阅应付票据明细分类账和备查登记簿，查证应付票据业务的账务处理是否真实、合理，应付票据登记簿的内容是否完整，包括应付票据签发日期、种类、编号、到期日、票面金额、收款人单位或姓名、合同交易编号、付款日期和金额等详细资料。尤其应注意应付票据的注销情况，如发现异常，应进一步跟踪审查 ②针对上面出现的疑点和问题，进一步查找、审阅相关账簿和记账凭证。对查出的到期票据结算情况应进一步核实，发现有转入应付账款的账务记录，应进一步追踪审查，弄清其转账背景、转账金额以及长期拖欠的时间 ③再采取调查法，进行内查外调，仔细向交易双方调查，通过买卖双方人员核实企业应付票据是否转为应付账款，并在"应付账款"账户中长期挂账的真实原因，从而进一步查明交易合同双方有关经手人之间是否存在私自牟利的情况
是否利用应付票据侵吞财物	①检查时应就当初申请签发票据付款的原始文件及有关凭单加以详核，并应与有关主管人员讨论此项交易的处理情形 ②贷记应付票据的数额须有实在票据的发行，检查时须查阅企业有关会议记录，以确定所有票据的发行是否经核准或经授权签发 ③将应付票据明细表与有关会议记录相对照，帮助及时发现弊端

5.2.2 应付票据的查账演练

 演练 5-3：利用应付票据拖欠货款

案情介绍	根据公司制度,查账人员在年末进行审查。通过编制应付票据明细表,查账人员发现本厂 2016 年的"应付票据"中,存在 3 笔商业承兑汇票逾期未能支付。据会计人员解释,存在未能付款的商业承兑汇票的原因是企业利润下降,导致缺乏流动资金支付款项。
问题分析	查账人员注意到,这 3 笔商业承兑汇票的出票日期均集中在 2016 年 10 月,金额共计 2 200 000 元。在总体产量与销售均稳定增长的情况下,没有足够款项支付商业承兑汇票是不正常的。
调查取证	通过相关账簿的审阅,查账人员发现,在 2016 年 10 月至 11 月,企业流动资金账户中资金充足,足以支付这笔款项。由此,可断定该企业是故意拖欠,到期不予兑付这 3 笔商业承兑汇票的。 企业为了自身利益,拖欠货款,故意不予兑付 3 笔商业承兑汇票,将货款用于自身生产经营。
错弊处理	明确故意拖欠货款是违法行为。责令会计人员对逾期的应付票据进行账务处理,并及时偿还拖欠的 3 笔货款。其会计分录如下。 应付票据逾期未支付,应做会计分录如下。 借:应付票据　　　　　　　　　　　　　　　　　　　　　　2 200 000 　　贷:应付账款　　　　　　　　　　　　　　　　　　　　　2 200 000 偿还拖欠的货款,应做会计分录如下。 借:应付账款　　　　　　　　　　　　　　　　　　　　　　2 200 000 　　贷:银行存款　　　　　　　　　　　　　　　　　　　　　2 200 000

 演练 5-4：应付票据逾期未处理

案情介绍	2016 年 9 月 28 日,查账人员按照企业内部审计流程进行月末审查。通过编制应付票据明细表,查账人员发现企业的"应付票据"中,存在一笔尚未入账的商业承兑汇票,且该汇票已经逾期,汇票票面金额为 100 000 元。
问题分析	根据规定,逾期的商业承兑汇票应转入"应付账款"账户,企业出现逾期的商业承兑汇票且未进行处理,这种情况是不正常的。
调查取证	通过函证对方企业,查账人员得知对方企业曾到银行收款,但因企业账户余额不足导致汇票不能承兑,因此尚未收到款项。经过询问,会计人员告知,因工作疏忽,未能及时处理这笔应付票据,导致应付票据账务出现混乱。
错弊处理	查账人员责令会计人员对逾期的应付票据进行账务处理,及时转入"应付账款"科目。其会计分录如下。 借:应付票据　　　　　　　　　　　　　　　　　　　　　　100 000 　　贷:应付账款　　　　　　　　　　　　　　　　　　　　　100 000

> **应付票据业务错弊风险提示**
> - 应付票据发生和偿还不真实、记录不完整
> - 应付票据期末余额不正确,有的应付票据长期挂账
> - 带息的应付票据的利息计算及会计处理不正确
> - 应付票据金额与发票金额不一致

5.3 应付账款的查账标准与演练

5.3.1 应付账款的查账标准

应付账款是指企业在正常经营过程中,因赊购商品、劳务和服务等而发生的短期债务。应付账款是随着企业赊购业务的发生而发生,因此在查账过程中应结合购货业务对应付账款进行审查。

审查的资料不仅包括资产负债表、总账、明细账、记账凭证和原始凭证,而且包括与供应单位签订的有关合同、协议等。应付账款业务具体的查账标准如表 5-3 所示。

表 5-3 应付账款的查账标准表

审查内容	查账标准
"应付账款"账户及其有关账户记录	核对"应付账款"账户及其有关账户记录,如发现有不一致的地方应进一步审查相关业务的原始凭证,进行查证
"退货登记簿"的退货记录	用"退货登记簿"对照"应付账款"账户的贷方余额,看是否相应减少,然后查明减少数是否由"银行存款"或"现金"账户列支
"应付账款"明细账	检查企业有无虚设明细账,将非法支出列入该明细账上;检查该账户有无反常方向余额。审阅账户发现疑点后,再抽调会计凭证,通过账证核对查证问题
采购计划和合同	审核有关明细账户内记载的采购、付款时间以及有关采购计划和合同,查证企业有无利用应付账款,贪污现金折扣的情况

5.3.2 应付账款的查账演练

 演练 5-5:利用应付账款,隐匿销售收入

案情介绍	2016 年 5 月 10 日,查账人员在进行公司半年度内部审查时,发现本厂本年当期的销售收入比上年同期明显减少。而根据对销售记录表的分析,内审人员发现公司本年度生产销售情况是历史上最好的情况。
问题分析	通过查账,发现公司有一笔暂存款 234 000 元,对方科目为"应付账款",2016 年 3 月 20 日记账。查账人员认为,对公司的销售收入来说,这笔暂存款数目巨大,且方向不明,这种现象是不正常的。

续表

调查取证	经查,该凭证所附原始凭证是一张托收回单,经审查该单位销货发票,发现存根中有一张销售税金 200 000 元,增值税 34 000 元的发票与该记账凭证所记录的单位名称相同。确认该单位将正常的销售收入作为"应付账款"处理。 企业为了达到少交税的目的,利用"应付账款"账户隐匿收入 200 000 元,造成该期利润不实,实现了避税的目的。
错弊处理	会计人员应将多出的"应付账款"234 000 元进行冲回,并记入主营业务收入,根据相关税率,计算税费后补缴税款。其会计分录如下。 借:应付账款　　　　　　　　　　　　　　　　　234 000 　　贷:主营业务收入　　　　　　　　　　　　　　200 000 　　　　应交税费——应交增值税　　　　　　　　 34 000 假设企业适用的所得税税率为 25%,会计人员补交所得税,其会计分录如下。 借:所得税费用　　　　　　　　　　　　　　　　　50 000 　　贷:应交税费——应交所得税　　　　　　　　　 50 000 借:主营业务收入　　　　　　　　　　　　　　　　200 000 　　贷:本年利润　　　　　　　　　　　　　　　　200 000 借:本年利润　　　　　　　　　　　　　　　　　　 50 000 　　贷:所得税费用　　　　　　　　　　　　　　　 50 000

演练 5-6：利用应付账款挂账,增加成本,虚减利润

案情介绍	查账人员审查企业 2016 年下半年的应付账款账目。
问题分析	查账人员发现多估计的加工费 3 000 元没有从生产费用中冲减,仍挂在"应付账款"上,其结果是使年内成本虚增,利润虚降。
调查取证	查账人员查阅了相关明细账发现,2016 年 9 月份预计产品外加工费 30 000 元,其会计分录如下。 借:生产成本　　　　　　　　　　　　　　　　　 30 000 　　贷:应付账款——应付产品加工费　　　　　　　 30 000 2016 年 10 月支付产品加工费时,实际额为 27 000 元,并以银行存款付讫。会计人员的分录处理如下。 借:应付账款——应付产品加工费　　　　　　　　 27 000 　　贷:银行存款　　　　　　　　　　　　　　　　 27 000
错弊处理	查账人员责令会计人员做如下分录处理。 借:应付账款——应付产品加工费　　　　　　　　　3 000 　　贷:生产成本　　　　　　　　　　　　　　　　　3 000

```
应付账款业务
错弊风险提示
```
- 应付账款各有关账户余额,账账不符
- 虚列"应付账款"数额
- 通过"应付账款"账户,藏匿收入
- 购货退回不冲减应付账款
- 利用应付账款,贪污现金折扣

5.4 预收账款的查账标准与演练

5.4.1 预收账款的查账标准

预收账款是企业按照合同规定向购货单位或个人预收的货款或定金。企业预收账款的审查内容包括预收账款记账金额和有无预收账款挂账两方面,其查账标准如表5-4所示。

表5-4 预收账款的查账标准表

审查内容	查账标准
记账金额	①获取或编制预收账款明细表,复核加计正确,并核对其期末余额合计数与报表数、总账数和明细账合计数是否相符 ②检查已转销的预收账款。通过函证,请相关单位协助,核对预收账款明细表上标出金额与相关单位提供数据是否相符
有无挂账	①审阅企业的预收账款明细分类账,确定预收账款的发生及偿还记录是否完整 ②检查是否存在长期挂账的预收账款。对于长期挂账的预收账款,查明原因,要求会计人员对预收账款随时进行清理 ③若预收账款已成为呆账,按照会计制度和税法规定,则应转入营业外收入处理,计入当期利润总额,并缴纳企业所得税

5.4.2 预收账款的查账演练

  演练 5-7: 预收货款截留收入

案情介绍	查账人员在审查公司2016年"预收账款"明细账时,发现2016年8月11日24号凭证预收乙公司货款100 000元,合同规定发出商品时间为9月11日,但该项预收账款直至12月26日仍未结转。
问题分析	查账人员认为预收的货款应在发出产品时就确认为主营业务收入。但是直至年底都没有结转,是不正常的。

续表

调查取证	审阅预收账款记账凭证,其会计分录如下。 　　借:银行存款　　　　　　　　　　　　　　　　　　100 000 　　　　贷:预收账款——乙公司　　　　　　　　　　　　100 000 其原始凭证为进账单并附合同一份。合同付货期为9月11日。查账人员审查产成品明细账时发现9月9日发出产品100件,每件800元。调阅原始凭证,承运单注明发往乙公司,其会计分录如下。 应收账款=100×800=80 000(元) 　　借:应收账款——乙公司　　　　　　　　　　　　　80 000 　　　　贷:产成品　　　　　　　　　　　　　　　　　　80 000 在采用预收账款销售时,发出商品未反映销售收入,从而隐瞒收入,少交税金。
错弊处理	将预收的货款应在发出产品时确认为主营业务收入。已收到乙公司的预收货款为100 000元,说明乙公司少支付117 000元的预收货款,应催其补付。并作会计分录如下。 　　借:预收账款——乙公司　　　　　　　　　　　　　117 000 　　　　贷:主营业务收入　　　　　　　　　　　　　　　100 000 　　　　　　应交税费——应交增值税(销项税额)　　　　17 000 　　借:主营业务收入　　　　　　　　　　　　　　　　100 000 　　　　贷:本年利润　　　　　　　　　　　　　　　　　100 000 　　借:本年利润　　　　　　　　　　　　　　　　　　　80 000 　　　　贷:主营业务成本　　　　　　　　　　　　　　　80 000 交纳所得税的会计分录如下。 应交所得税=20 000×30%=6 000(元) 　　借:所得税　　　　　　　　　　　　　　　　　　　　6 000 　　　　贷:应交税费——所得税　　　　　　　　　　　　6 000

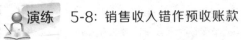

演练 5-8:销售收入错作预收账款

案情介绍	2016年6月,查账人员按照常规流程进行企业内部审计。在审计企业预收账款项目时,内审人员将"预收账款"明细账与销售合同核对,发现"预收账款——甲公司"无销售合同。
问题分析	查账人员觉得没有销售合同的预收其他公司货款,属于不正常情况。于是,查账人员又检查"预收账款"明细账,发现在明细账摘要中也无注明发货日期或偿还日期,查账人员怀疑其为非法收入。
调查取证	于是查账人员调阅了6月18日的凭证,其会计分录如下。 　　借:银行存款　　　　　　　　　　　　　　　　　　　6 000 　　　　贷:预收账款——甲公司　　　　　　　　　　　　6 000 原始凭证附进账单和发货票。询问经办人员,得知该笔收入为盘盈产品的销售收入。 经过询问,会计人员承认,是财务经理授意她隐瞒收入,少交税金。
错弊处理	将预收账款调整为主营业务收入,其会计分录如下。 　　借:预收账款——甲公司　　　　　　　　　　　　　7 020 　　　　贷:主营业务收入　　　　　　　　　　　　　　　6 000 　　　　　　应交税费——应交增值税(销项税额)　　　　1 020

```
┌─ 预收账款业务
│  错弊风险提示
└──○
    ■ 利用预收货款业务坑骗购货单位或消费者
    ■ 尚未结清的预收账款与合同或协议不相符，超出规定的期限仍未交货、提供劳务
    ■ 利用"预收账款"账户进行舞弊行为，如非法收入通过该账户反映
    ■ 利用"预收账款"截留收入
```

5.5 应付股利的查账标准与演练

5.5.1 应付股利的查账标准

应付股利是指企业经股东大会或类似机构审议批准分配的现金股利或利润，包括应付给国家、其他单位以及个人投资利润。对企业应付股利的审查应从基本资料、股利分配标准、账务处理情况、发放手续等方面进行。具体的查账标准如表5-5所示。

表5-5 应付股利的查账标准表

审查内容	查账标准
应付股利的基本资料	获取或编制应付股利明细表，复核加计是否正确，并与报表数、总账数及明细账合计数核对相符
股利分配标准	审阅公司章程、股东会和董事会会议纪要中有关股利的规定或决定，了解股利分配标准和发放方式是否符合有关规定并经法定程序批准
账务处理情况	检查应付股利的计提是否根据董事会或股东会决定的利润分配方案，从税后可供分配利润中计算确定，并复核应付股利计算和会计处理正确性
股利发放手续	①检查股利支付的原始凭证的内容、金额和会计处理是否正确，关注现金股利是否按公告规定的时间、金额予以发放 ②对无法结算及委托发放而长期未结的股利是否做出适当处理；股利宣布、结算、转账的会计处理是否正确、适当
主要股东	通过函证，检验应付股利是否正常发放到股东手中，是否存在拖延情况
利润分配方案执行情况	检查董事会或类似机构通过的利润分配方案中拟分配的现金股利或利润，是否按规定处理
报表编制的正确性	检查应付股利是否按照企业会计准则的规定恰当列报

5.5.2 应付股利的查账演练

 演练 5-9：应付股利为负

案情介绍	查账人员在对企业进行2016年度的年终审计时，发现"应付股利"账户余额变为-50 000元。经过了解，企业的控制权主要集中在三名大股东手中。
问题分析	经过调查核对，查账人员发现在应付股利明细表中，上一期的余额为200 000元，而本期余额为负。查账人员认为，"应付股利"账户为负类账户，且支付股利应通过董事会审议，按照计提数额进行分配，这种账户余额为负的情况是不正常的。

续表

调查取证	查账人员使用函证法,依次联系了三名大股东。大股东 B 承认,因个人的资金需求,以提取应付股利的名义于 2016 年 10 月从企业提取 50 000 元。因个人权利较大,提取款项并未经董事会审议。 企业大股东为了自身方便,违反规定程序,在未经过审议且不了解"应付股利"账户余额的情况下提取应付股利,导致期末"应付股利"账户余额为负。
错弊处理	督促大股东 B 将 50 000 元款项补回,使"应付账款"账户余额为零,并责令会计人员做相应的调账账务处理。其会计分录如下。 借:银行存款　　　　　　　　　　　　　　　　　　　　　　　　50 000 　　贷:应付股利　　　　　　　　　　　　　　　　　　　　　　　　　50 000

演练 5-10:应付股利长期挂账

案情介绍	2016 年 10 月,查账人员对企业进行第三季度审计时,发现"应付股利"账户内有一笔 300 000 元的款项,挂账时间长达 8 个月。
问题分析	询问会计人员后,查账人员得知,该笔款项为 2016 年 2 月经股东大会决议,计划发放给全体股东的股利款项。查账人员认为,"应付股利"账户内登记款项应及时发放给股东,这种长期挂账的情况是不正常的。
调查取证	查账人员在账簿中找到该笔账目,记账日期为 2016 年 2 月 5 日,记账凭证所附原始凭证为企业自制分配表,上面注明,股利发放日期为 2016 年 3 月 4 日。企业存在长期拖欠应付股利的行为。 经过询问,企业管理人员承认,为了增加可用流动资金,将"应付股利"账户内金额长期挂账不予分配。占用该项资金,用于企业的生产经营,导致"应付股利"账户内资金长期挂账。
错弊处理	督促企业会计人员及时将 300 000 元应付股利款项发放给全体股东,其会计分录如下。 借:应付股利　　　　　　　　　　　　　　　　　　　　　　　　300 000 　　贷:银行存款　　　　　　　　　　　　　　　　　　　　　　　　　300 000

应付股利业务错弊风险提示

- 利润分配程序不正确,导致向投资者多分股利
- 应付股利计算错误
- 股利支付不及时、不正确

5.6 应交税费的查账标准与演练

5.6.1 应交税费的查账标准

应交税费是指企业按照税法的有关规定,需要预计应交数额的税金。由于企业应交的税费繁多,此处我们只就增值税、消费税等进行审查。

(1) 应交增值税的查账标准

对企业应交增值税的审查,应主要从其计算的准确性和账务处理的合理性展开,具体的查账标准如表5-6所示。

表5-6 应交增值税的查账标准表

审查内容		查账标准
计算的准确性	一般纳税人	一般纳税人增值税应纳税额＝当期销项税额－当期进项税额。其中,销项税额为纳税企业在销售货物或应税劳务时,从购买方收取的增值税税额;进项税额为纳税企业在购进货物或应税劳务时,所实际支付或承担的增值税额
	小规模纳税人	小规模纳税人增值税应纳税额＝销售额×征收率。自2009年1月1日起在全国所有地区和行业推行增值税改革,小规模纳税人增值税的征收率统一至3%
账务处理的合理性		根据业务类型不同,查账人员在审查企业应交增值税的账务处理时,应遵守如下标准。 ①国内采购的物资,按专用发票上注明的增值税,借记"应交税费——应交增值税(进项税额)",按专用发票上记载的应计入采购成本的金额,借记"材料采购""生产成本""管理费用"科目,按应付或实际支付金额,贷记"应付账款""应付票据""银行存款"等科目 ②接受投资转入的物资,按专用发票上注明的增值税,借记"应交税费——应交增值税(进项税额)",按确定的价值,借记"原材料"等科目,按其在注册资本中所占的份额,贷记"实收资本"或"股本"科目,按其差额,贷记"资本公积"科目 ③接受应税劳务,按专用发票上注明的增值税,借记"应交税费——应交增值税(进项税额)",按专用发票上记载的应当计入加工、修理修配等物资成本的金额,借记"生产成本""委托加工物资""管理费用"等 ④进口物资,按海关提供的完税凭证上注明的增值税,借记"应交税费——应交增值税(进项税额)",按进口物资应当计入采购成本的金额,借记"材料采购"科目,按应付或实际支付的金额,贷记"应付账款""银行存款"等科目 ⑤购进免税农产品,按购入农产品的买价和规定的税率计算的进项税额,借记"应交税费——应交增值税(进项税额)",按买价减去按规定计算的进项税额后的差额,借记"材料采购"科目,按应付或实际支付的金额,贷记"应付账款""银行存款"等科目 ⑥小规模纳税人和购入物资及接受劳务直接用于非应税项目,或直接用于免税项目以及直接用于计提福利和个人消费的,其专用发票上注明的增值税,计入购入物资及接受劳务的成本,不通过"应交税费——应交增值税(进项税额)"科目核算 ⑦销售物资或提供应税劳务(包括将自产、委托加工或购买的货物分配给股东),按实现的营业收入和按规定收取的增值税额,借记"应收账款""应收票据""银行存款""应付股利"等科目,按专用发票上注明的增值税,贷记"应交税费——应交增值税(销项税额)"科目,按实际的营业收入,贷记"主营业务收入"等科目 ⑧企业将资产或委托加工的货物用于非应税项目、投资、计提福利消费、赠送他人等,应视同销售物资计算应交增值税,借记"在建工程""长期股权投资""应付福利费""营业外支出"等科目,贷记"应交税费——应交增值税(销项税额)"科目 ⑨随同商品出售但单独计价的包装物,按规定收取的增值税,借记"应收账款"等科目,贷记"应交税费——应交增值税(销项税额)"科目。出租、出借包装物逾期未收回而没收的押金应交的增值税,借记"其他应付款"科目,贷记"应交税费——应交增值税(销项税额)"科目 ⑩购进的物资在产品、产成品发生非正常损失,以及购进物资改变用途等情况下,其进项税额应相应转出,借记"待处理财产损益""在建工程""应付福利费"等科目,贷记"应交税费——应交增值税(进项税额转出)"科目 ⑪上交本月的应交增值税,借记"应交税费——应交增值税(已交税费)",贷记"银行存款"科目

(2) 应交消费税的查账标准

对企业应交消费税的审查,应主要从其计算的准确性和账务处理的合理性展开,具体的查账标准如表5-7所示。

表 5-7 应交消费税的查账标准表

审查内容		查账标准
计算的准确性	从价计征计算	①消费税法规定,除实行从量计征和复合计征办法计征消费税的商品外,其他应税消费品实行从价计征办法计征消费税 ②应纳消费税税额＝应税消费品的销售额×比例税率－当期准予扣除的已纳消费税税款 ③上述公式中的销售额,含有消费税但不含增值税。对含增值税的价格应换算为不含增值税的销售额
	从量计征计算	①消费税法规定,黄酒、啤酒、成品油三种应税消费品实行从量计征方法计征消费税 ②应纳消费税税额＝应税消费品的销售数量×定额税率
	复合计征计算	①消费税法规定,卷烟、粮食白酒、薯类白酒实行从量计征和从价计征复合计征办法 ②应纳消费税税额＝应税销售数量×定额税率＋应税销售额×比例税率－当期准予扣除的已纳消费税税款
账务处理的合理性		根据业务类型不同,查账人员在审查企业应交消费税的账务处理时,应遵守如下标准。 ①销售需要缴纳消费税的物资应交的消费税,借记"主营业务税金及附加"等科目,贷记"应交税费——应交消费税"科目 ②以生产的商品作为股权投资、用于在建工程、非生产机构等,按规定应交纳的消费税,借记"长期股权投资""固定资产""在建工程""营业外支出"等科目,贷记"应交税费——应交消费税"科目 ③随同商品出售但单独计价的包装物,按规定应交纳的消费税,借记"其他业务支出"科目,贷记"应交税费——应交消费税"科目。出租、出借包装物逾期未收回而没收的押金应交的消费税,借记"其他业务支出"科目,贷记"应交税费——应交消费税"科目 ④有金银首饰零售业务的以及采用以旧换新方式销售金银首饰的企业,在营业收入实现时,按应交的消费税,借记"主营业务税金及附加"等科目,贷记"应交税费——应交消费税"科目。有金银首饰零售业务的企业因委托代销首饰按规定应交纳的消费税,如以收取手续费方式代销金银首饰的,其应交的消费税,借记"其他业务支出"科目,贷记"应交税费——应交消费税"科目;如以其他方式代销首饰的,其应交的消费税,借记"主营业务税金及附加"等科目,贷记"应交税费——应交消费税"科目 ⑤有金银首饰批发、零售业务的企业将金银首饰用于馈赠、赞助、广告、职工福利、奖励等方面的,应于物资移送时,按应交消费税,借记"其他业务支出"科目,贷记"应交税费——应交消费税"科目 ⑥需要交纳消费税的进口物资,其交纳的消费税应计入该项物资成本,借记"固定资产""材料采购"等科目,贷记"银行存款"等科目 ⑦交纳的消费税,借记"应交税费——应交消费税"科目,贷记"银行存款"科目

5.6.2 应交税费的查账演练

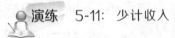

演练 5-11: 少计收入

案情介绍	在企业 2016 年年终审计中,通过对财务报表的初步审查,查账人员发现,企业年末商品销售收入为 600 000 元,而往年的销售收入均在 4 000 000 元上下。通过询问,查账人员得知企业可能存在偷税漏税行为。对此,查账人员对企业账务展开了全面的审查。
问题分析	根据企业工资表上的数据,企业的职工总数为 80 人,这种销售收入即使全部用于发放职工工资,也存在困难。在企业生产经营状况稳定的情况下,这种销售收入大幅减少的现象是不正常的。
调查取证	查账人员将销售所开发票一一加总,发现企业 2016 年全年实现销售收入 4 600 000 元。在"销售收入"账簿中,查账人员发现,企业将部分销售收入与材料成本直接抵销。 企业为了避税,采用错误的方法对冲销售收入和材料款,使企业当年账上的销售收入减少 4 000 000 元,通过这种隐匿销售收入的做法避税。

续表

| 错弊处理 | 假设增值税税率为3%，查账人员责令会计人员将错账更正，并补缴税款。其会计分录如下。
应交增值税＝4 000 000×3％＝120 000(元)

借：主营业务成本   4 120 000
    贷：主营业务收入   4 000 000
        应交税费——应交增值税   120 000

补缴税款时，应做会计分录如下。

借：应交税费——应交增值税   120 000
    贷：银行存款   120 000 |

 演练 5-12：自产自用产品未计税

案情介绍	在进行平板电脑生产企业2016年度中期审计时，通过对产品出库记录与账簿的初步审查，查账人员发现，2016年6月，企业出库平板电脑3 000台，每台含税售价1 170元。而6月份增值税计税基础为2 700台平板电脑。
问题分析	查账人员认为，增值税计税的产品数量小于实际出库产品数量，这种情况是不正常的。
调查取证	查账人员查看了产品销售记录，发现企业于2016年6月5日自产自用300台平板电脑，用于发放给生产车间一线员工作为福利。会计人员对企业自产自用产品未计提增值税销项税款。 会计人员不清楚自产自用产品的税务处理规则，未对企业自产自用的300台平板电脑计提增值税。

错弊处理	假设增值税税率为17%，责令会计人员将错账更正，并补缴税款。300台平板电脑含税价值＝1 170×300＝351 000(元)
	应计提增值税销项税额＝351 000×17％/(1+17％)＝51 000(元)
	
	借：主营业务收入 351 000
	    贷：应付职工薪酬 351 000
	
	更正后会计分录如下。
	
	借：应付职工薪酬 351 000
	    贷：主营业务收入 300 000
	        应交税费——应交增值税 51 000

 应交税费业务错弊风险提示

- 企业在计算应交税费时，采用的计税依据不正确
- 企业在计算应交税费时，所选择的税率不恰当
- 企业税收的减免不符合规定
- 企业长期拖欠应交税费，给国家税收带来损失

5.7 长期借款的查账标准与演练

5.7.1 长期借款的查账标准

长期借款是长期负债的一种,一般用于固定资产的购建、固定资产改扩建工程、固定资产大修理工程以及流动资产的正常需要等方面。对长期借款的审查,应主要从记账的准确性、核算的正确性和账务处理的合规性三个方面进行,具体的查账标准如表5-8所示。

表5-8 长期借款的查账标准表

审查内容	查账标准
记账准确性	①查阅长期借款及利息费用明细表,索取所有借款合同复印件,并对合同所载明借款单位、金额、利率、借款期限、借入日期及借款条件,分别进行审阅后,计入审计工作底稿 ②审查借款记录、凭证、银行借款对账单及有关文件,对长期借款期末余额较大或有关业务内部控制存在薄弱环节时,向有关债权人进行函证,以确定借款业务的真实性 ③验证长期借款期末余额,审查账簿记录,验证长期借款期末余额与相关原始凭证上反映的余额是否一致。如长期借款期末余额较大,或有关业务内部控制存在薄弱环节时,应向贷款银行或其他金融机构发函询证借款额、借款利率、已偿还数额及利息支付情况等
核算正确性	①对长期借款项目所计入的利息按照合同规定利率和借入天数,计算并确认其正确性;审查借款日期、利率、还款期限及其他条件,确定长期借款记载的完整性及正确性 ②根据长期借款有关资料,验算应付利息费用,验证利息计算及账务处理的正确性,如发现合同规定利率明显偏离市场利率,应作进一步审核
处理合规性	①审查记录,核对还款日期与借款合同,确定还款及时性,如逾期偿还要查明原因和责任。审查借款转期的账务处理是否真实,转期手续是否齐备 ②审查抵押资产是否确实存在,该资产抵押前的所有权是否为企业所有,资产价值和实际状况是否与借款合同的规定相一致。借款有担保人时,查明担保人是否符合法定要求 ③审查长期借款合同履行情况,根据长期借款合同条款,审查金融机构是否按规定及时定额向借款单位拨入贷款,借款单位对借款的使用和归还是否履行合同规定,借款用途和使用是否合理、合法 ④审查未入账负债,查阅企业会议记录,了解企业决定筹集的全部债务资金来源。向被审计单位索取债务说明书,向债权人询证负债金额,分析利息费用账户,验证利息支出是否合理,确定实际支出利息是否大于账面反映的应付利息,以查明有无付款利息来自于未入账的长期负债 ⑤审查取得资产的融资方式,复核货币资金的收入来源等,通过审核银行存款余额调节表的未达账项确认借款不入账、支出不入账的问题

5.7.2 长期借款的查账演练

 演练 5-13:虚拟长期借款数额

案情介绍	在对企业进行2016年年终审计的过程中,通过对财务报表的初步审查,内审人员发现,企业有一笔用于扩建厂房的长期借款,合同为2016年12月1日与C银行签订,金额为5 000 000元,期限为两年,利息为9%。
问题分析	根据所附借款合同中的说明,借款款项一次性全部用于购买建筑材料使用。而通过翻阅企业材料入库单,内审人员发现,2016年12月10日,企业一次性购入一批材料,价值为3 000 000元,此后不再存在购入材料的记录。内审人员认为,企业并未按照长期借款合同约定,将5 000 000元款项全部用于购买材料,这种情况是不正常的。

续表

调查取证	通过审查借款合同签订后的账簿，内审人员发现一笔2 000 000元的款项，借方科目为"管理费用"，贷方科目为"银行存款"。内审人员询问会计人员，会计人员表示并不清楚这笔款项。内审人员直接询问企业领导，领导迫于压力，承认这2 000 000元实际上是用于给自己购买别墅的款项。 主管人员利用职务之便，虚列所需材料数额，将长期借款数额多列。合同签订后，将一部分资金挪作他用，从而将多出的部分贪污。
错弊处理	责令主管人员将挪用的款项退回。收到退还款项时，做会计分录如下。 借：银行存款　　　　　　　　　　　　　　　　　　　　2 000 000 　　贷：管理费用　　　　　　　　　　　　　　　　　　　　　2 000 000

 演练　5-14：长期借款，多提利息

案情介绍	在对企业进行2016年年终审计的过程中，通过对财务报表的初步审查，内审人员发现，企业有一笔用于扩建厂房的长期借款，为2016年12月1日签订，金额为9 000 000元，期限为两年，利息为9%。而在12月末计提利息时，会计人员按照12%的利率计算，计入财务费用90 000元。
问题分析	根据所附借款合同中的联系方式，审计人员函证这笔长期借款，对方企业证明合同金额和利息均正确。在长期借款合同利率固定的情况下，会计人员按照高于合同利率的利率水平计提利息，审计人员认为这种现象是不正常的。
调查取证	通过审查项目评估书，审计人员发现评估书上面记录双方约定的借款利率也为9%。通过询问，主管会计人员交代，为了个人的利益，抱着侥幸心理，故意按照12%的借款利率计算这笔长期借款的利息。 会计人员利用职务之便，通过多计提利息，虚增企业的利息支出，从而将多出的部分贪污。
错弊处理	查账人员责令会计人员将多计提的利息冲回，应作会计分录如下。 12月末的应计利息＝9 000 000×9%÷12＝67 500（元） 多计提的利息费用＝90 000－67 500＝22 500（元） 借：应计利息　　　　　　　　　　　　　　　　　　　　　22 500 　　贷：财务费用　　　　　　　　　　　　　　　　　　　　　22 500

```
　长期借款业务
　错弊风险提示
```

■ 未编制长期借款计划或计划编制不合理
■ 长期借款未按规定用途使用
■ 长期借款利息会计处理不正确，主要表现为：每期长期借款利息计算不准确
■ 长期借款归还不及时，所用资金不正确

5.8 应付债券的查账标准与演练

5.8.1 应付债券的查账标准

应付债券是指企业为筹集长期资金而实际发行的债券及应付利息。对企业应付债券的审查,应从债券发行、债券折价与溢价、债券利息等方面进行,具体的查账标准如表5-9所示。

表5-9 应付债券的查账标准表

审查内容	查账标准
债券发行用途及会计处理	①将工程项目价值的增加与应付债券的增加进行核对,并检查企业近期的重大支出项目,通过比较分析,查明有无挪用债券募集的资金或长期占用债券募集的资金的现象 ②核对"应付债券"及有关账户的明细账和总分类账,检查债券交易的各项原始凭证及记账凭证,并与"应付债券"及有关账户的记录进行核对
债券折价与溢价	复核债券每期的利息、折价或溢价的每期摊销数额,检查债券利息、溢价、折价等账户的记录并与会计凭证进行核对
债券利息	检查发行债券的各项原始凭证,确定债券面值、实收金额、折价和溢价、利率等,复核计算债券的每期利息并与"应付债券"账户的记录进行核对

5.8.2 应付债券的查账演练

 5-15:发行债券的会计处理错误

案情介绍	2016年3月查账人员在审查公司应付账款业务时,了解到公司于2016年1月以1 240 000元的价格发行了面值为1 000 000元的2年期债券,票面利率为12%,且应付债券的账面余额为1 240 000元。
问题分析	根据会计制度的规定,企业折价或溢价发行债券,其债券发行价格总额与债券票面值总额的差额,应当在债券存续期间分期摊销。因此,该公司在溢价发行债券的情况下,应在分期计提息费用时摊销其溢价。所以,查账人员怀疑其溢价摊销有误。
调查取证	查账人员经审查有关会计凭证和账簿,发现该公司在每月计提息费用时,所作会计分录如下。 　借:财务费用　　　　　　　　　　　　　　　　　　　　　　10 000 　　　贷:应付债券——应计利息　　　　　　　　　　　　　　　　10 000 该公司每月只计算了债券的利息而未对溢价进行摊销。
错弊处理	会计人员应对前两个月的账簿记录,作以下调整分录。 　借:应付债券——债券溢价　　　　　　　　　　　　　　　　10 000 　　　贷:财务费用　　　　　　　　　　　　　　　　　　　　　　10 000

```
应付债券业务
  错弊提示
```
- 债券发行的会计处理不正确
- 债券、折价、溢价摊销的核算不正确
- 预提债券利息计算有错误
- 发行债券所募集资金的用途与债券原发行目的不符

5.9 长期应付款的查账标准与演练

5.9.1 长期应付款的查账标准

长期应付款是企业除长期借款和应付债券以外的其他各种长期负债,如采用补偿贸易方式引进国外设备的价款、应付融资租入固定资产租赁费等。对企业长期应付款业务的审查,应主要从业务签订合同、长期应付款账户的设置和使用情况、业务支出的合理性等方面,具体的查账标准如表 5-10 所示。

表 5-10 长期应付款的查账标准表

审查内容	查账标准
长期应付款业务合同的真实性	①检查长期应付款业务有无相关合同以及合同的合理性,分析长期应付款业务发生的必要性,是否存在以引进设备为由骗取外汇等情况 ②将"长期应付款"账户的记录与合同规定进行核对,查证合同执行情况,然后询问相关当事人查账可疑问题
长期应付款账户设置和使用情况	检查原始凭证与记账凭证,根据有关账簿记录检查其账户使用有无漏洞,账户设置是否正确
业务支出的合理性	重点检查"长期应付款"的各明细账,注意其金额有无反常或出现借方余额,然后与原始凭证、有关合同进行核对,以查证问题。同时进行函证与对方对账,以查明有无多计或少计负债的现象

5.9.2 长期应付款的查账演练

 演练 5-16:计入账户不正确

案情介绍	2016 年 4 月,查账人员在对公司"应付账款"账户进行审查时,发现该账户年初余额大幅度增加。经了解,该公司在 2015 年 12 月融资租入设备一台,价值 200 000 元。
问题分析	根据会计制度规定,企业的除长期借款和应付债券以外的其他各种长期负债,如采用补偿贸易方式引进外国设备价款、应付融资租入固定资产租赁费等应计入"长期应付款"账户。因此,查账人员怀疑公司将长期应付款计入了"应付账款"账户。

续表

调查取证	查账人员调阅了 2015 年 12 月 30 号凭证,会计分录如下。 　　借:固定资产　　　　　　　　　　　　　　　　　200 000 　　　　贷:应付账款　　　　　　　　　　　　　　　　　200 000 所附原始凭证为融资租入设备的还款计划表。
错弊处理	查账人员责令会计人员做了如下分录处理。 　　借:应付账款　　　　　　　　　　　　　　　　　　200 000 　　　　贷:长期应付款　　　　　　　　　　　　　　　　200 000

长期应付款业务
错弊风险提示

- 长期应付款业务签订的合同或协议不合理,或者根本无相关合同或协议,而虚列该账户
- 长期应付账款设置和使用不合理,把长期应付款计入"应付账款"账户
- 长期应付款业务的每期支付款项与合同规定不相符合
- 付款期满后长期应付款业务还继续付款

5.10 应付职工薪酬的查账标准与演练

5.10.1 应付职工薪酬的查账标准

应付职工薪酬的查账内容一般包括应付工资和福利费两个方面。

(1) 应付工资业务的查账标准

应付工资业务的查账标准如表 5-11 所示。

表 5-11　应付工资业务的查账标准表

审查内容		查账标准
应付工资计算的正确性、合法性	职工工资计算标准	①查账人员通过审阅工资卡片相关内容,并与工资结算表、考勤记录、产量及质量记录等有关内容进行核对 ②审查时应注意工资卡的记录变动是否有合法的证明文件,是否与实际情况相符,发现二者不一致的情况,应查明原因,并分别采用不同的方法处理
	计时工资的计算	①重点审查职工考勤记录,核实职工实际出勤的天数 ②审查职工在规定的假期内,是否按劳动保险条件和国家其他有关规定仍享受标准工资,衡量企业执行规定的严肃性和正确性
	计件工资的计算	①通过质量检验记录审查废料品数量,与半成品、产成品完工入库的数量相互验证,以核实合格品数量 ②通过检查定额工时、等级工资小时工资率计算的是否正确对计件单价进行审查 ③检查小组集体计件工资分配是否合理、计算是否正确等

续表

审查内容		查账标准
应付职工工资结算和发放的正确性、合规性	工资结算	①通过核对职工工资计算表和工资结算汇总表来进行。检查时要注意两张表中职工姓名、工资等级等与职工人事档案是否一致 ②应付的计时、计件工资计算是否正确,各种奖金、津贴是否符合制度和标准,计算是否正确;实发工资计算是否正确等
	工资发放	①检查企业提取的现金数与当期实发工资是否一致,有无根据应发数提取现金问题 ②检查工资结算表中的职工签名,分析其有无签章不全或仿造签章进行冒领等问题 ③各种代扣款项有无合法的原始凭证,计算是否准确,是否及时地转交有关部门 ④检查规定期限内尚未领取的工资是否及时地收回入账 ⑤有关工资发放业务的账务处理是否正确、合规等内容
工资费用的归集和分配情况		①检查企业是否能分清经营性支出与其他各种支出的界限 ②应具体检查:如应由在建工程支出列支的工资、应由营业外支出列支的工资、应由职工福利费列支的工资、应由工会经费列支的工资等与经营性支出列支的工资费用之间的界限 ①检查企业是否能分清计入生产成本的工资费用与计入期间费用的工资费用的界限 ②应具体检查:如应计入直接人工或制造费用列支的工资与应计入管理费用或销售费用列支的工资的界限

查账人员在完成工资业务的检查后,可将检查情况汇总在表 5-12 中,并作出检查说明与检查意见。

表 5-12　应付职工薪酬检查表

单位(部门)		签名		日　期	
项　目		编制人		索引号	
截止日	__年__月__日	复核人		页　次	
索引号	项　目	未审数	调整数	审定数	
检查内容: ①检查年度工资有无异常波动情况,并查明原因,作出记录 ②抽查应付工资的支付凭证,确定工资、奖金、津贴的计算是否符合有关规定,依据是否充分,有无授权审批和领款人签字,是否按规定代扣款项,相应的会计处理是否正确 ③应付工资贷方发生额累计数与相关的成本、费用账户核对一致				检查说明及检查意见:	

(2)应付福利费的查账标准

应付职工福利非业务处理正确与否,不仅对员工切身利益产生影响,而且对企业纳税产生影响。查账人员对福利费用业务的查账标准如表 5-13 所示。

表 5-13　应付福利费的查账标准表

审查内容	查账标准
福利费计提基础是否正确	检查企业计提福利费是否正确,查账人员可以采用复算法,检查企业职工福利费的计提是否符合国家规定的范围和比例
计提职工福利费的会计处理是否正确	应审核企业的相关账务处理,关注企业提取的福利费是否按照职工岗位正确地进行了分配
职工福利费的使用是否正确	应审查职工福利费科目中列支的费用是否用于职工医药费、医护人员工资等方面,重点注意有无巧立名目、滥发奖金、实物等开支在职工福利费中支出的现象
职工福利费的账面记录是否正确	通过复核职工福利费明细分类账、总分类账记录,确定职工福利费账面记录是否真实、正确

查账人员在完成应付福利费业务的检查后,可将检查情况汇总在表 5-14 中,并做出检查说明与检查意见。

表 5-14　应付职工薪酬——职工福利检查表

单位(部门)		签名		日期	
项目	应付职工薪酬——职工福利	编制人		索引号	
截止日	＿＿年＿月＿日	复核人		页次	
索引号	项目	未审数	调整数	审定数	
检查内容: ①检查年度应付福利费计提标准是否符合有关规定,计提金额是否正确 ②检查年度内应付福利费的使用情况,确定其是否符合规定用途			检查说明及检查意见:		

5.10.2　应付职工薪酬的查账演练

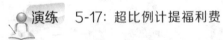

演练　5-17:超比例计提福利费

案情介绍	2016 年 9 月 30 日,查账人员在进行企业第三季度查账时,通过核对"应付职工薪酬"明细表时发现,当月应付工资总额为 1 000 000 元,而提取福利费 200 000 元,用于中秋节前采购月饼礼盒发放给员工。
问题分析	根据工业企业财务制度规定,企业职工福利费支出,不能超过工资薪金总额的 14%。而企业当月按照工资总额 20% 的比例提取福利费,查账人员认为,这种做法是不正常的。
调查取证	查账人员在账簿中找到该笔账目,记账凭证所附原始凭证为企业自制凭证,上面注明,企业于 2016 年 9 月按照 20% 的比例提取福利费 200 000 元,用于为管理部门购买月饼。 经过询问,会计人员承认,企业为了避税,超比例提取福利费,从而减少应付工资总额,进而减少个人所得税的缴纳金额。
错弊处理	将超过 14% 比例多计提的福利费冲回。应做会计分录如下。 应冲回的福利费金额＝1 000 000×(20%－14%)＝60 000 元 借:应付职工薪酬　　　　　　　　　　　　　　　　　　　　60 000 　　贷:管理费用　　　　　　　　　　　　　　　　　　　　　　60 000

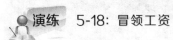

演练 5-18：冒领工资

案情介绍	企业在进行年终查账时，通过对财务报表的初步审查，查账人员发现，企业年末商品生产数量较上一个年度下降，在商品销售价格基本不变的情况下，净利润也出现下降。而报表数据显示，企业的生产成本比往年提高，主要原因是本年度支付工人工资总额提升了 600 000 元。
问题分析	通过在工厂厂区实地调查，查账人员发现，员工数量并未明显增加。而在"应付职工薪酬"明细账中，职工平均工资与往年相比并无较大变化。查账人员认为，在企业商品总体产量下降，且职工平均工资水平未发生明显变化的情况下，应付职工薪酬大幅增长的现象是不正常的。
调查取证	查账人员在"工资计算明细表"中，发现一人代多人签字的现象。通过调查，查账人员得到知情人士举证，证实这些代签字职工实际上是不存在的，系车间主任利用职务之便伪造出来的职工。 车间主任利用企业在发放工资过程中的薄弱环节，编造不存在的职工，并冒领工资，侵吞企业资金。
错弊处理	追究车间主任的法律责任，责令其将赃款交回，将冒领的 600 000 元工资款项冲回。其会计分录如下。 借：应付职工薪酬　　　　　　　　　　　　　　　　　　　　　　600 000 　　贷：生产成本　　　　　　　　　　　　　　　　　　　　　　　600 000

应付职工薪酬业务
错弊提示

- 应付职工薪酬计算不正确
- 应付职工薪酬的发放程序不健全、管理不严
- 虚拟工资名单，冒领贪污或存入"小金库"
- 利用工资费用，调节产品成本
- 支付利息，计入"应付职工薪酬"科目
- 篡改工作时间和工资薪金率
- 佣金舞弊
- 偷逃个人所得税

实账演练——对所有者权益进行查账

6.1 实收资本的查账标准与演练

6.1.1 实收资本的查账标准

实收资本是指投资者按照企业章程或合同、协议的约定，实际投入企业的资本。对企业实收资本的审查，应着重从投资的缴纳时间、数额、比例，入账依据和入账价值等方面，具体的查账标准如表6-1所示。

表6-1 实收资本的查账标准表

审查内容	查账标准
投资的缴纳时间、数额、比例	①审阅"实收资本"各有关明细账中的记录，如出资人、出资时间、数额等 ②再与营业执照、政府有关法规制度的规定对比，分析筹集情形 ③最后确定问题，并作出处理意见
无形资产的比例	①通过审核"实收资本"明细账及相关的"无形资产""固定资产"账户的摘要时发现疑点或线索 ②如比例超过规定，再查看有关资产评估凭证，是否评估过高，在此基础上查证问题
投入资本的入账依据和入账价值	①依据企业银行日记账与银行核对，必要时请银行协助核实 ②依据银行账，确定其汇率，再与会计制度的规定或协议对比，发现疑点，查证问题 ③查阅各资产账户，并审阅有关凭证，如发现问题，需要调整资产账户及实收资本账户，防止高估或低估
资本增加或转让情况	查阅"实收资本"的明细账及有关对应的"银行存款"等账户，了解其具体内容，看其是否合法合规，在此基础上，确定应正确记入哪个项目，或与合营他方协商，作出调整
资本保全原则	根据"实收资本"借方发生额，查阅明细账，看其内容是否符合规定，如有关会计制度、向登记机关办理变更登记手续等，进行综合分析，查证问题

6.1.2 实收资本的查账演练

演练 6-1：认缴份额不足

案情介绍	在对2016年初新成立的企业进行年终审计的过程中,查账人员发现,企业"银行存款"账户上有余额2 000 000元,而生产经营部门却一直反映现金周转有困难。
问题分析	通过对"实收资本"账户的审查,查账人员发现"实收资本——投资者李某"明细账上注明投入现金1 000 000元,而在账簿中却找不到相关银行存款的原始凭证。查账人员认为,这种缺少款项入账凭证的现象是不正常的。
调查取证	通过与开户银行联系,银行告知企业并未收到投资者李某的汇款。再与投资者B取得联系,投资者李某证实因个人原因暂时未将款项汇出。 投资者李某为了个人的资金周转,拖欠缴纳投资份额,试图延期上缴相关款项,且会计人员记账不符合会计准则,在未收到款项的情况下即进行账务处理。
错弊处理	查账人员责令会计人员冲回多记的银行存款,要求投资者李某在固定期限内将拖欠的1 000 000元投资份额进行补缴。由此给企业生产经营活动带来的损失,还将向投资者李某额外追加罚金。 冲回多记的银行存款,应做会计分录如下。 借:实收资本——投资者B　　　　　　　　　　　　　　　　　1 000 000 　贷:银行存款　　　　　　　　　　　　　　　　　　　　　　　1 000 000 收到投资者B补缴投资份额1 000 000元时,应做会计分录如下。 借:银行存款　　　　　　　　　　　　　　　　　　　　　　　1 000 000 　贷:实收资本——投资者B　　　　　　　　　　　　　　　　　1 000 000

演练 6-2：销售收入直接计入实收资本

案情介绍	在对企业进行2016年度中期审计的过程中,查账人员发现,2016年6月20日,企业"实收资本"账户上贷方出现1 170 000元的发生额。
问题分析	通过对"实收资本"明细账的审查,查账人员发现,在摘要中未注明投资者,对应的借方科目为"银行存款"。查账人员认为,这种增加实收资本但不注明投资者的情况是不正常的。
调查取证	通过翻阅2016年6月20日的会计凭证,查账人员发现,有一笔1 170 000万元的收款记录,付款方为B企业。经过函证,款项为B企业购买商品所付的货款。内审人员查阅企业销货合同,证实1 170 000元确实为销售收入。 经过对会计人员的询问,查账人员得知,为了隐瞒收入,增加自有资金,会计人员将销售收入直接用于增加实收资本。
错弊处理	因事件尚未影响税收,责令会计人员调回销售收入。应做会计分录如下。 借:实收资本　　　　　　　　　　　　　　　　　　　　　　　1 170 000 　贷:主营业务收入　　　　　　　　　　　　　　　　　　　　　1 000 000 　　　应交税费——应交增值税　　　　　　　　　　　　　　　　170 000

实收资本业务错弊风险提示

- 投资的缴纳期限、数额、比例不合规
- 无形资产所占比例过高,且超过部分没有经过相关部门审批
- 投入资本的入账依据和实际入账价值错误
- 资本金的增加、转让不合规
- 随意增减资本金,违反"资本保全"原则

6.2 资本公积的查账标准与演练

6.2.1 资本公积的查账标准

资本公积是归所有者共有的、由非利润转化而形成的资本。资本公积属于全体股东共同享有,有特定的来源。对资本公积的审查,应着重从"资本公积"账户内容、资本公积的形成及使用等方面进行,具体的查账标准,如表6-2所示。

表6-2 资本公积的查账标准表

审查内容	查账标准
"资本公积"账户的内容	①应根据资产账簿记录,并通过查询等其他途径了解企业是否有接受捐赠,捐赠资产是多少,找到对应的账户,根据账簿记录内容,看其是否作为资本公积,并在此基础上作出结论 ②重点审阅"资本公积"明细账的各项业务内容,当发现不该记入"资本公积"账户时,应调阅有关会计凭证,综合分析,然后作出调整
资本公积形成资产计价	在审阅"资本公积"账户时发现其形成来源,依据来源确定某项资产的对应科目,调阅有关会计凭证,如对于法定资产重估增值,要求提供评估机构的有关证明,以及资产价值重估的原因是什么,是否符合有关法规,是否经有关部门批准等
资本公积的使用	①可在审阅"资本公积"有关明细账户借方记录内容时发现疑点。如在审阅账簿摘要内容时了解到"资本公积"明细账中列有"经董事会决定建员工食堂",据此入手,调阅有关凭证,了解该项支出情况,查证问题 ②如摘要内容为"转增资本",则应进行合法性审查,看增资是否经董事会决定并报工商行政管理机关依法办理增资手续。可调阅有关资料,如董事会决议、工商部门复函等,发现、查证问题

6.2.2 资本公积的查账演练

 演练 6-3:利用"资本公积"账户支付福利费

案情介绍	在对企业进行季度性审查时,查账人员在"资本公积"明细账中发现一笔账目,附注记录内容为"改造办公楼公厕",金额为80 000元,贷方科目为"银行存款"。
问题分析	查账人员认为,企业用资本公积改造公厕,这种情况是不正常的,存在将资本公积挪作他用的嫌疑。

续表

调查取证	通过询问会计人员,查账人员了解到,企业为了改善职工福利,改造办公楼公厕。工程采取承包方式,一次性支付80 000元工程费。经核实,记账凭证所附原始凭证为付款委托书回单,所注付款理由与会计人员所说相符。 企业会计人员混淆了"资本公积"账户的使用方法,错将办公楼改造费用通过"资本公积"账户核实。

错弊处理	应通过"在建工程"科目进行核算,调账时进行账务处理如下。
	
	    借:在建工程 80 000
	        贷:资本公积 80 000
	
	办公楼公厕改造完毕,做如下会计分录。
	
	    借:固定资产 80 000
	        贷:在建工程 80 000

 演练 6-4:混淆资本公积与实收资本

案情介绍	查账人员在对上市服装生产企业进行2016年度审查时发现,企业在工商行政管理局登记的注册资本为25 000 000元,每股面值为5元。而在利润表中,"实收资本"账户余额为50 000 000元。
问题分析	经过调查询问,企业在上市后没有增发新股,也没有办理过增资手续。调阅记账凭证,是一张50 000 000元的银行存款回执,证明"实收资本"账户内确实存在50 000 000元的数额。内审人员认为,在没有相关变动的情况下,企业在工商行政管理局登记的注册资本与"实收资本"账户余额相差极大,这种情况是不正常的。
调查取证	通过调阅股票发行记录,查账人员发现,企业股票为溢价发行,每股面值5元,而发行时因市场需求较大,发行价为每股10元。而会计人员将发行股票所得款项50 000 000元全部计入"实收资本"账户。 因缺乏股票上市发行的相关账务处理技能,企业会计人员混淆了"资本公积"与"实收资本"账户,将50 000 000元全部计入"实收资本"账户。

错弊处理	应将50 000 000元分为"资本公积"与"实收资本"两部分。其中"资本公积"账户记录股票发行溢价所得,"实收资本"账户记录按照股票面值计算的价值。
	将多计入"实收资本"账户的资金调至"资本公积"账户,其会计分录如下。
	
	    借:实收资本 25 000 000
	        贷:资本公积 25 000 000

资本公积业务
错弊风险提示

- 资本公积账户内容错误,如将应列作资本公积的内容未列入"资本公积"账户;将不应列作资本公积的业务内容列入了资本公积
- 资本公积形成资产的计价不正确,如高估或低估法定资产重估价值
- 资本公积使用不正确,如不按法定程序转增资本、用资本公积从事职工福利设施的建设、滥发奖金等

6.3 盈余公积的查账标准与演练

6.3.1 盈余公积的查账标准

盈余公积是指企业按照规定从净利润中提取的用于企业进行积累的资金。对企业盈余公积进行审查，应着重从其形成和使用是否合法两个方面进行，具体的查账标准如表 6-3 所示。

表 6-3 盈余公积的查账标准表

审查内容	查账标准
盈余公积的形成是否合法	①获取或编制盈余公积明细表，复核加计是否正确，并与报表数、总账数及明细账合计数核对是否相符 ②收集与盈余公积变动有关的董事会会议纪要、股东大会决议以及政府主管部门、财政部门批复等文件资料，进行审阅，并更新永久性档案 ③对法定盈余公积和任意盈余公积的发生额逐项审查至原始凭证 ④审查法定盈余公积和任意盈余公积的计提顺序、计提基数、计提比例是否符合有关规定，会计处理是否正确
盈余公积的使用是否合法	①审查盈余公积的减少记录，初步分析是否符合有关规定，对是否取得董事会会议纪要、股东(大)会决议予以核实，检查有关会计处理是否正确 ②查证企业用盈余公积弥补亏损的处理是否正确：以"盈余公积——法定盈余公积"弥补亏损，应注意是否由董事会提议，并经股东大会批准；用法定盈余公积弥补亏损的账务处理是否符合规定，是否先将用于弥补亏损的法定盈余公积转入"利润分配"账户，再通过"利润分配"账户弥补亏损 ③查审转增资本(股本)的处理是否正确。对以"盈余公积——法定盈余公积"转增资本(股本)的查证，应注意是否经股东大会做出决议；是否办理了增资手续，如到工商行政管理部门申请办理注册资金变更等手续。股份有限公司的转增股本，是否经股东大会做出决议；是否办理了增资手续；用法定盈余公积派送新股时，按股票面值和派送新股总数计算的金额如有差额，是否计入"资本公积——资本溢价"账户 ④查证分派股利是否正确。对企业用法定盈余公积分派现金股利或股票股利的，应注意是否经股份有限公司股东大会做出决议；用法定盈余公积分派股票股利增加的股本是否办理了增资手续；分派股票股利的每股面值与派送价格之差是否计入"资本公积—资本溢价"账户

6.3.2 盈余公积的查账演练

 演练 6-5：罚款收入列作盈余公积

案情介绍	查账人员在对企业进行 2016 年年初审查时，发现企业"盈余公积——法定盈余公积"账户的贷方余额为 450 000 元。而查看"盈余公积"明细账时，发现本年度应计提的盈余公积金额为 300 000 元。
问题分析	经过调查核对，没有应计入"盈余公积"账户而未进行账务处理的情况发生。查账人员认为，在没有相关变动的情况下，企业"盈余公积"账户余额与实际计提数额不符，这种情况是不正常的。

续表

调查取证	经调阅账簿中的记账凭证及所附原始凭证—银行转账回执,内审人员发现其中有一笔150 000元的罚款收入。经查账人员提出询问,会计人员提供了罚款依据,为C公司与企业签订的一份未履行的合同及收取罚款的情况说明。会计人员将罚款所得款项150 000全部计入"盈余公积"账户。 为了规避所得税支出,企业会计人员将本应计入"营业外收入"的罚款收入直接计入"盈余公积"账户。
错弊处理	会计人员的账务处理违反了会计制度规定,应进行账务调整并及时补交税金。应将计入"盈余公积"账户的罚款收入调至"以前年度损益调整"账户,其会计分录如下。 　　借:盈余公积——法定盈余公积　　　　　　　　　　　　　　　150 000 　　　　贷:以前年度损益调整　　　　　　　　　　　　　　　　　　　　150 000 补交所得税,假设企业适用的税率为25%,应补缴的所得税金额=150 000×25%=37 500(元),应做会计分录如下。 　　借:以前年度损益调整　　　　　　　　　　　　　　　　　　　　37 500 　　　　贷:应交税费——所得税　　　　　　　　　　　　　　　　　　　37 500

演练 6-6:未按比例提取盈余公积

案情介绍	2016年年末,查账人员在审查企业"盈余公积"账户时,发现企业在该年度内提取法定盈余公积250 000元,而根据会计凭证显示,提取比例为5%。
问题分析	经过调查核对,企业"实收资本"账户余额为5 000 000元。企业"法定盈余公积"明细账记载的期初余额为100 000元,未超过资本总额的50%。内审人员认为,在没有超过资本总额的50%的情况下,企业未按照10%的比例计提法定盈余公积,这种情况是不正常的。
调查取证	经调阅账簿,内审人员发现,企业当年税后利润为5 000 000元,企业应提取的法定盈余公积=5 000 000×10%=500 000元;会计人员少提法定盈余公积250 000元。 会计人员不清楚法定盈余公积的提取比例规定,按照5%的比例计提法定盈余公积。
错弊处理	企业应补提法定盈余公积,其会计分录如下。 　　借:利润分配——未分配利润　　　　　　　　　　　　　　　　　250 000 　　　　贷:盈余公积——法定盈余公积　　　　　　　　　　　　　　　250 000

盈余公积业务
错弊风险提示

- 将不应纳入的款项纳入盈余公积,如企业为了逃避所得税,直接将收入纳入盈余公积
- "盈余公积——法定盈余公积"提取顺序错误
- 将"盈余公积"用于非法用途,如将"盈余公积"账户内的款项挪用垫付职工奖金

6.4 未分配利润的查账标准与演练

6.4.1 未分配利润的查账标准

未分配利润的查账标准如表 6-4 所示。

表 6-4　未分配利润的查账标准表

审查内容	查账标准
未分配利润内部控制制度	①通过查阅董事会的会议纪要,了解企业有关利润分配的限制性规定,据此明确对利润分配做出限制性规定的目的和利润分配的批准情况 ②通过编制内部控制制度调查表,对企业未分配利润内部控制制度的内容和执行情况进行审查
未分配利润的真实性和合法性	①根据本年转入的净利润额,按正确顺序对企业利润分配的会计凭证逐项计算核对 ②如果法律对企业的利润分配有限制,应检查企业实际的利润分配是否违反了这些限制性条款
未分配利润账户余额变动情况	将本期未分配利润账余额的实际数与上期进行比较,分析有无异常情况

6.4.2 未分配利润的查账演练

 演练　6-7:未分配利润增资未交纳所得税

案情介绍	查账人员在对企业的"利润分配——未分配利润"账户进行审查时,发现企业为了扩大资本总额,2016 年末股东大会决议并经验资和工商登记,用企业未分配利润 5 000 000 元转增资本。企业由 A、B、C 三个自然人投资设立,持股比例分别为 50%、30%、20%。 转增资本时,会计人员编制了如下会计分录。 借:利润分配——未分配利润　　　　　　　　　　　　　　　　500 000 　　贷:实收资本——A　　　　　　　　　　　　　　　　　　　250 000 　　　　实收资本——B　　　　　　　　　　　　　　　　　　　150 000 　　　　实收资本——C　　　　　　　　　　　　　　　　　　　100 000
问题分析	股份公司用未分配利润转增资本属于股息、红利性质的分配。对个人取得的红股数额,应作为个人所得征税。
调查取证	查账人员查阅了公司当年的利润分配相关业务,确认了以上利润分配事项确实存在。造成这项错弊的原因是财务人员业务不熟练,未考虑分红应缴纳个人所得税的情况。
错弊处理	根据规定,股票分红所得税实行差额式计征,持股超过 1 年的,税负为 5%;持股 1 个月至 1 年的,税负为 10%;持股 1 个月以内的,税负为 20%。 假设三个股东都符合 5% 的比例,则 A 应缴纳的所得税额=250 000×5%=12 500(元); B 应缴纳的所得税额=150 000×5%=7 500(元); C 应缴纳的所得税额=100 000×5%=5 000(元)。

演练 6-8：在未分配利润中列支职工薪酬

案情介绍	查账人员在对企业的"利润分配——未分配利润"账户进行审查时，发现该账户发生借方发生额 200 000 元。对应的转账凭证如下。 **转 账 凭 证** 2016年12月30日　　　　　　　　　转字第60号 | 摘要	总账科目	明细科目	借方金额	贷方金额	记账
---	---	---	---	---	---
发奖金	利润分配	未分配利润	200 000		√
	应付职工薪酬	职工福利		200 000	√
	合记		￥200 000	￥200 000	√	 会计主管：　　　　记账：　　　　审核：　　　　制单：
问题分析	正常情况下，"利润分配——未分配利润"账户只与利润分配账户发生关系，而不应与"应付职工薪酬"有关系。
调查取证	通过询问会计人员，确定这笔资金是用来发放当年年终奖金。同时对方出示了由公司总经理签字的批准文件。 造成这些错弊的原因是财务人员为了虚增公司本年利润金额，未将这笔年终奖金在费用中列支并扣除本年利润，而是先多记本年利润账户后，再从未分配利润中列支。
错弊处理	确定该错弊后，会计人员应该将以上错误的分录用红字冲销，然后用蓝字填制如下分录入账。 　借：管理费用　　　　　　　　　　　　　　　　　　　　　　　200 000 　　　贷：应付职工薪酬——职工福利　　　　　　　　　　　　　　　　200 000

未分配利润业务
错弊风险提示

- 利润分配不当，致使未分配利润形成不正确
- 企业将本年利润全部分配完毕，未考虑积累及防范风险的需要，或按多于实际利润的数额进行利润分配

第7章 实账演练——对收入与成本费用进行查账

7.1 收入的查账标准与演练

7.1.1 主营业务收入的查账标准与演练

(1) 主营业务收入的查账标准

企业主营业务收入的审查内容,一般包括销售发票、销售收入的入账时间、销售收入的入账金额、销售退回、销售折扣与折让等情况,其具体的查账标准如表7-1所示。

表7-1 主营业收入的查账标准表

审查内容	查账标准
销售发票	①运用审阅法审查企业销售发票,审阅范围包括已开出、未开出发票,审查时主要从细节和整体两个方面进行审查 ②细节上应注意:发票要素是否齐全、编号是否连续、有无涂改现象、价格是否合理、经办人、收款人是否签字等 ③整体上应注意:空白发票是否妥善保管、已开出的发票存根有无涂改迹象、作废发票联数是否齐全、非正式的销售业务发票是否有审批手续 ④审阅完发票后,还需运用核对法,将销售发票与发货记录核对,核对数量与金额,以检查有无开具阴阳发票或为他人代开发票、套开发票等情况
销售收入的入账时间	①运用审阅法,审阅"主营业务收入""预收账款""应收账款""库存商品""发出商品"等明细账摘要栏,看其列入和转入的销售收入的时间是否存在疑点,如有疑点,应进一步追查销售合同、发运证明、托收回单等有关凭证 ②特别要注意查证期末前几天的销售记录,关注有无开发票后,不计入销售收入的情况
销售收入的入账金额	运用审阅法,审阅"主营业务收入""应收账款""应收票据""预收账款"等明细账的摘要记录,并将主营业务收入与销售发票核对,核对其金额是否相符,时间是否一致,如发现不符,应进一步审查相关记账凭证与原始凭证,以查证存在问题
销售退回情况	①运用审阅法与核对法,审阅"银行存款"日记账、"主营业务收入""库存商品""主营业务成本"等明细账,并针对发现的疑点,核对相关账户 ②审阅时,要特别注意审查期初、期末结账时的退货,防止企业年终虚列销售,次年初做假退货红字发票冲回

续表

审查内容	查账标准
销售折扣与折让	①运用审阅法与复核法,审阅"产品销售收入""财务费用"明细账,找出销售折扣与折扣相关业务 ②审查购销合同,审查其审批手续是否健全,有无虚列销售折扣与折让,随意变更折扣率与折让率的情况 ③审查期间费用,审查其摘要,看其是否有将折扣与折让作为费用入账的情况 ④运用复核法,对折扣、折让的金额进行复算,看其是否存在随意提高折扣或折让率的情况

(2) 主营业务收入的查账演练

演练 7-1：虚增销售收入

案情介绍	查账人员在对企业进行 2016 年度的销售收入复核时,发现本年度的销售收入为 3 680 000 元,比上年 2 200 000 元的水平明显增长。但通过询问生产部门,查账人员得知企业本年度商品生产销售情况与上年基本持平。
问题分析	经过对库存商品明细账的调查,查账人员发现账上记录的本年度商品销售数量较往年确实有较大提升。销售收入大幅增长,所需的原材料等存货应随之不断增长,而报表中显示,本年原材料并未出现明显变化。查账人员认为,企业销售收入大幅增长,而原材料使用量并未出现明显变化,这种情况是不正常的,企业有可能虚拟收入。
调查取证	查账人员逐笔查了本年度相关商品出库凭证,发现其原始凭证中有三笔出库单及运输单据,发货数量较大,且记载货物发往企业的另一备用仓库,金额共计 1 200 000 元。企业通过将产品从此仓库发送至另一仓库,虚构收入虚增利润,实际上销售并未发生。 查账人员针对这种情况,向会计人员进行询问。会计人员承认,收到上级领导的指示采取了这种方式增加报表中的收入。管理层的奖金与企业销售收入挂钩,上级领导在个人利益的驱动下蓄意提高收入。
错弊处理	将虚增的销售收入调回。其会计分录如下。 借：以前年度损益调整 1 200 000 贷：应收账款 1 200 000

演练 7-2：销售收入入账金额错误

案情介绍	查账人员在审查企业某种自制半成品业务时,发现如下记录：销售给山西机械厂该种自制半成品 100 件,单价 200 元,同时预收货款 10 500 元。款项 30 500 元均通过银行收讫。其会计分录如下。
	借：银行存款 30 500
	    贷：主营业务收入 30 500
	车间领用该种自制半成品 200 件,实际耗用 180 件,单位成本 150 元,共转自制半成品 30 000 元。其会计分录如下。
	借：生产成本 30 000
	    贷：自制半成品 30 000

问题分析	经过对自制半成品明细账的调查,查账人员发现有一笔预收货款,直接计入了主营业务收入中；在结转半成品成本时,未按照实际耗用的计算,而是按照领用的计算。查账人员认为,这两笔账务处理错误,可能导致企业销售收入的入账金额错误。

续表

调查取证	查账人员首先查阅了主营业务收入、自制半成品、生产成本等明细账,然后抽查有关会计凭证,同时验算结转的货款及实际成本,最后盘点自制半成品的结余数量。最后查明该车间多转自制半成品成本＝(200－180)×150＝3 000(元) 出现这种错误的原因是会计人员不清楚主营业务收入的入账时间,以及成本结转方法所致
错弊处理	已计入销售收入的预收账款应予以冲回,并作如下会计分录: 　　借:主营业务收入　　　　　　　　　　　　　　　　　　10 500 　　　　贷:预收账款　　　　　　　　　　　　　　　　　　10 500 车间该种自制半成品成本应予以冲加,作如下会计分录。 　　借:生产成本　　　　　　　　　　　　　　　　　　　3 000 　　　　贷:自制半成品　　　　　　　　　　　　　　　　3 000

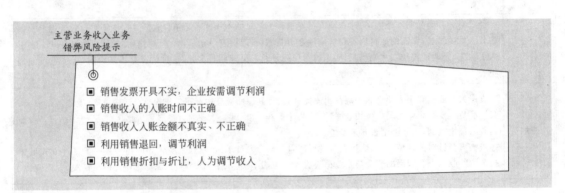

主营业务收入业务错弊风险提示
- 销售发票开具不实,企业按需调节利润
- 销售收入的入账时间不正确
- 销售收入入账金额不真实、不正确
- 利用销售退回,调节利润
- 利用销售折扣与折让,人为调节收入

7.1.2　其他业务收入的查账标准与演练

(1) 其他业务收入的查账标准

企业其他业务的特点是内容繁杂,但发生数量较少。因此,在查账时可逐笔审查相关账务处理,具体的查账标准如表7-2所示。

表7-2　其他业务收入的查账标准表

审查内容	查账标准
销售发票等相关原始凭证	①注意销售内容是否有材料项目,同时重点审阅"其他业务收入""原材料""银行存款"登明细账和日记账,注意其摘要中有无销售材料、出租、出借包装物等业务,如有相关记录,可跟踪其业务的执行情况,以检查企业的处理是否正确 ②注意对原始凭证的审查,观察所附原始凭证的签名与审批,看其是否按规定进行审批,业务发生时间是否与入账时间一致
相关明细账和日记账	①重点审阅"其他业务收入""原材料""库存现金""银行存款"等明细账和日记账 ②了解企业材料等增减情况,并核查相关账簿,看其是否有截留、隐瞒不入账情况

(2) 其他业务收入的查账演练

演练 7-3：其他业务收入提前入账

案情介绍	查账人员在对企业 2016 年度的财务状况进行审查时，发本年度的其他业务收入为 960 000 元，而 2015 年度其他业务收入仅为 100 000 元，本年度其他业务收入明显增长。
问题分析	经过对其他业务收入明细账的调查，查账人员发现一笔账目，日期为 2016 年 11 月 20 日，借方科目为"其他应收款"，金额为 960 000 元。根据附注，该笔款项为企业出租包装物的租金收入。查账人员认为，企业突然在年末获得大笔出租包装物的租金收入，这种情况是不正常的。
调查取证	查账人员翻阅了该项业务对应的出租合同。根据合同记载，企业出租包装物，租期为 1 年，对方企业按合同约定每月支付租金 80 000 元，第一笔租金于 2016 年 12 月 20 日支付。会计人员提前将出租款项入账。 为了完成业绩指标考核，企业在年末将本应在下一年入账的共计 11 个月出租包装物的租金提前入账，导致"其他业务收入"账户多计入 880 000 元。
错弊处理	将提前入账的其他业务收入调回。其会计分录如下。 　借：其他业务收入　　　　　　　　　　　　　　　　880 000 　　　贷：其他应收款　　　　　　　　　　　　　　　　　880 000

演练 7-4：将销售材料收入直接冲减材料成本

案情介绍	查账人员在审查企业 2016 年销售发票时，发现有原材料销售项目，于是进一步审阅"其他业务收入"明细账。
问题分析	在审阅"其他业务收入"明细账时，没有查到材料销售的相关记录。查账人员认为，在原材料销售记录确凿的情况下，"其他业务收入"明细账中未予登记，这种情况是不正常的。
调查取证	查账人员查阅了"原材料"明细账，看到一笔 9 月 27 日销售材料的记录，调阅相关凭证，延伸检查了"其他应付款"明细账和"银行存款""库存现金"明细账，未发现有相关的款项支付记录。查阅的明细账及相关记账凭证如下。 (1)原始凭证明细账

原　材　料

类别：
编号：
最高存量：
最低存量：　　存储处：　　计量单位：　　规格：　　　　品名：

2016年		凭证号	摘要	借方			贷方			借或贷	余额		
月	日			数量	单价	金额	数量	单价	金额		数量	单价	金额
			……										
9	27		销售材料				100	500	50 000		80	500	40 000
			……										

调查取证	**(2)收款凭证**

收 款 凭 证

借方科目：银行存款　　　2016 年 9 月 27 日　　　收字第 19 号

摘要	贷方科目		金额									记账
	总账科目	明细科目	千	百	十	万	千	百	十	元	角	分	
销售原材料	原材料					5	0	0	0	0	0	0	√
	其他应付款	奥华公司				2	0	0	0	0	0	0	
合计					¥	7	0	0	0	0	0	0	√

会计主管：　　记账：　　出纳：　　审核：　　制单：

(3)其他应付款明细账

其 他 应 付 款

一级科目：奥华公司

子目或户名：

2016 年		凭证号	摘要	借方	贷方	借或贷	余额
月	日						
			……				
9	27	收 19	销售材料		20 000	借	20 000
			……				

通过上述明细账和记账凭证可知，该企业在原材料销售时，未将销售收入记入"其他业务收入"科目，也未计缴增值税，而是按原材料成本直接冲减原材料，并将销售收入与材料实际成本差额作挂账处理，记入"其他应付款——奥华公司"账下，截留了收入，逃缴了税款。

经查实，是企业有意将收入不入账，将售价与成本差额挂在其他应付款下，以便日后资金紧缺时转出，查证时款项尚未支付。 |
| 错弊处理 | 如在年底之前查清，应做调账分录如下。

借：其他营业支出　　　　　　　　　　　　　　　　　　　　　　　50 000
　　其他应付款——奥华公司　　　　　　　　　　　　　　　　　　20 000
　　贷：其他业务收入　　　　　　　　　　　　　　　　　　　　　59 829.06
　　　　应交税费——应交增值税(销项税额)　　　　　　　　　　　10 170.94 |

其他业务收入
错弊风险提示

- 其他业务收入列示内容、范围不合规
- 随意调节变更其他业务收入的入账时间
- 截留、隐瞒、转移其他业务收入

7.2 生产成本的查账标准与演练

7.2.1 生产成本的查账标准

查账人员在实施生产成本检查时,应以生产成本账户为审查重点,运用分析性复核法,按成本项目进行审查。具体的查账标准如表7-3所示。

表7-3 生产成本的查账标准表

审查内容	查账标准
直接材料费用	应根据领料单、退料单、材料库存报表、材料分配明细表等资料进行检查
直接工资和其他直接支出	应通过抽查记账凭证、工资计算表、工资(含职工福利费)分配表等资料及"应付职工薪酬"账户,结合有关劳动人事记录和职工考勤表等进行检查
期初在产品	审查期初在产品的数量,先与上期期初在产品总成本进行比较,看有无超常变化,并对变动幅度大的各种在产品进行抽查,如有严重失实情况,应在查账人员监督下,请被查单位重新盘点
期末在产品成本	检查生产成本在产成品和期末在产品之间分配的情况,应检查选用分配的方法是否合适,具体分配过程是否正确

7.2.2 生产成本的查账演练

演练 7-5:虚增生产成本

案情介绍	查账人员在年初审查时,发现本厂2016年的"委托加工物资"账户有红字余额,同时,注意到下半年转出数中自制半成品单价上升较明显。另外从总体上看,企业下半年利润明显低于去年同期水平,但销售收入与数量相对稳定,几种主要产品售价还较上年有所上升。通过分析,利润下降的主要原因在于生产成本提升较快。
问题分析	通过成本要素分析,发现自制半成品中委托加工支出超2倍左右,共计3 200 000元。内审人员认为,在总体产量与销售均较稳定的情况下,委托加工费用增长过猛是不正常的。
调查取证	查账人员在"委托加工物资"明细账中,抽查了部分金额较大的业务,发现其对应账户均为"自制半成品",检查其所附原始凭证,却未发现收回加工物资的入库清单,也没有加工费用及运输费的账单及付款的银行转账凭证。由此,可判定该业务是虚假的。 企业为了缩小年度利润,逃避所得税,而有意虚构自制半成品成本,且虚构自制半成品领用于生产中,虚增生产成本3 200 000元。

续表

错弊处理	应将虚增的 3 200 000 元生产成本冲回。其会计分录如下。
	借:委托加工物资　　　　　　　　　　　　　　　　　　3 200 000
	贷:以前年度损益调整　　　　　　　　　　　　　　　　3 200 000
	补交所得税,税率为 30%,其会计分录如下。
	借:以前年度损益调整　　　　　　　　　　　　　　　　960 000
	贷:应交税费——应交所得税　　　　　　　　　　　　960 000
	借:以前年度损益调整　　　　　　　　　　　　　　　　2 240 000
	贷:利润分配——未分配利润　　　　　　　　　　　　2 240 000

演练 7-6：虚结产品成本，调节本期损益

案情介绍	查账人员在审查企业 2016 年"生产成本"账户时,获悉对生产费用完工产品和在产品之间的分配方法为"约当产量法",经审阅车间的在产品明细表,得知在产品实有数 200 件,本月在产品完工率为 40%。
问题分析	用企业以前的技术方法测定完工率为 70%,按照 70% 的完工率计算出在产品的当月产量应为 140 件,按 40% 的完工率计算出在产品的约当产量为 80 件,这样实际参与分配生产费用的在产品数量以应该参与分配生产费用的在产品的产量少计了 60 件。
调查取证	经核实企业期初在产品成本 2 000 000 元,本期发生生产费用 5 000 000 元,月末产成品数 200 件,月末产成品成本应为 4 772 727 ($\frac{5000000+2000000}{3000000+1400000}\times 3000000$)元,而企业现有产成品成本为 5 526 315 ($\frac{5000000+2000000}{3000000+800000}\times 3000000$)元。 企业在产品约当产量少计,虚减了在产品成本,虚增了产成品成本 753 588(5 526 315－4 772 727)元,从而加大了产品的销售成本,减少利润,偷逃了部分所得税。
错弊处理	应将虚增的产成品冲回。其会计分录如下。
	借:生产成本——基本生产　　　　　　　　　　　　　753 588
	贷:以前年度损益调整　　　　　　　　　　　　　　753 588
	补交所得税,税率为 30%,其会计分录如下。 补交所得税金额＝753 588×30%＝226 076.4(元) 未分配利润＝753 588－226 076.4＝527 511.6(元)
	借:以前年度损益调整　　　　　　　　　　　　　　　226 076.4
	贷:应交税费——应交所得税　　　　　　　　　　　226 076.4
	借:以前年度损益调整　　　　　　　　　　　　　　　527 511.6
	贷:利润分配——未分配利润　　　　　　　　　　　527 511.6
	按照净利润的 10% 提取法定盈余公积,50% 向投资者分配股利,其会计分录如下。 法定盈余公积＝527 511.6×10%＝52 751.16(元) 向投资者分配的股利金额＝263 755.8(元)
	借:利润分配　　　　　　　　　　　　　　　　　　　316506.96
	贷:法定盈余公积　　　　　　　　　　　　　　　　52 751.16
	应付股利　　　　　　　　　　　　　　　　　263 755.8

生产成本业务
错弊提示

- 将不属于产品成本负担的费用支出列入直接材料、直接人工等成本项目中；将不属于生产成本开支的费用列入其他支出中
- 利用职务之便，虚增或者虚减生产成本
- 利用在产品和产成品分配方法，调节当期利润
- 将用实物进行的投资不记入长期投资账户，而是将其直接计入生产成本

7.3 制造费用的查账标准与演练

7.3.1 制造费用的查账标准

制造费用的审查内容包括制造费用具体项目和制造费用分配方法两方面。

（1）制造费用具体项目的查账标准

根据制造费用特点，应运用审阅法重点审阅制造费用明细账，并在审查时，分项目审查其具体内容，并对照记账凭证等来确定问题。对制造费用的查账标准如表7-4所示。

表7-4 制造费用的查账标准表

审查内容	查账标准
修理费用	①运用抽查法，抽取一部分记录，核对其相关的记账凭证与原始凭证，审查修理是否确实发生，其支出是否合规、合理 ②根据权责发生制和收入与费用配比原则，查明记入当期成本的修理费数额是否正确、合理，日常修理和大修理费用的界限划分是否清楚 ③对某些支付给外单位或外包工的修理费，应审查价格是否合理等
机物料消耗	主要审查其开支的真实合理性，开支范围的正确性
办公费	重点审查办公费用中文具、印刷、邮电、办公物品等开支的原始凭证，检查其发票或收据的抬头是否为被查企业，金额计算是否正确，有无将企业专设销售机构及工会开支的办理费混入制造费用的情况等
差旅费	①审查企业制定的差旅费开支标准是否合规、合理。若与国家规定不相符，应查明原因，并按有关规定进行调查 ②将差旅费明细账与该项费用发生时的原始凭证进行核对，检查其内容是否真实、合规
劳动保护费	主要审查劳动保护费的实际发生情况，检查发票是否经领导人或负责人签字，劳动保护用品是否按规定发放等
停工损失	查账人员应对停工的原因分别予以检查，因季节性生产和在大修理期间发生的停工损失，记入"制造费用"，其余的停工损失均记入"营业外支出"，对应由过失单位或个人负担的赔款，应从停工损失中扣除
折旧费用	审查时应先核准作为提取基数的固定资产数额，然后检查提取折旧的比例和方法以及列支范围是否正确

（2）制造费用分配方法的查账标准

在生产多种产品的情况下，企业要将制造费用在不同产品之间进行分配。其分配方法使用及数额计算的正确与否，也是查账人员审查的重点。

制造费用分配方法的查账标准如表 7-5 所示。

表 7-5　制造费用分配方法的查账标准表

分配方法	详细说明	查账标准
生产工时比例分配法	按各种产品所耗生产工人工时的比例分配制造费用	检查企业是否有真实正确的工时记录
生产工人工资比例分配法	按照计入各种产品成本的生产工人工资比例分配制造费用	检查各种产品生产机械化的程序是否大致相同
机器工时比例分配法	按照各种产品生产所用机器设备运转时间的比例分配制造费用的方法	检查各种产品所耗机器工时的原始记录是否完整
计划分配率分配法	分配制造费用时不论各月实际发生的制造费用多少,均按各种产品实际产量的定额工时和年度计划分配率,计算各种产品应分配的制造费用	先审查此方法的适用性,通过了解企业的基本情况,判断企业所选用的分配方法是否恰当。然后,再复核数字计算的正确性,并查明企业是否对分配法进行过调整

7.3.2　制造费用的查账演练

 演练 7-7：为少交所得税，制造费用项目不实

案情介绍	查账人员在进行月度审查时,通过检查总分类账,发现太阳能元器件生产企业 2016 年 5 月"制造费用"账户借方发生额比上月增加了 80 000 元,而与 5 月份的制造费用计划相比,也超出 80 000 元。
问题分析	经核对企业 5 月份"制造费用"明细账,内审人员发现企业当月正好有一笔 80 000 元的借方发生额,摘要中注明"固定资产安装费"字样。内审人员认为,企业将固定资产安装计入"管理费用"账户,这种情况是不正常的。
调查取证	通过调阅该笔账务的记账凭证,查账人员发现其分录处理如下。 　　借:制造费用——固定资产修理费　　　　　　　　　　　　　　80 000 　　　　贷:银行存款　　　　　　　　　　　　　　　　　　　　　　　　　80 000 而审阅记账凭证所附原始凭证,此款项为付款给甲安装队的安装企业新购置多晶硅熔炉的安装费用。会计人员将应纳入"在建工程"科目的款项计入"制造费用"科目。 通过询问,会计人员承认故意将安装费充当修理费计入"制造费用"科目,造成当期利润下降,希望由此达到规避所得税的目的。
错弊处理	应将 80 000 元款项调回"在建工程"科目。将计入"制造费用——固定资产修理费"账户的安装费调至"在建工程"账户,其会计分录如下。 　　借:在建工程　　　　　　　　　　　　　　　　　　　　　　　80 000 　　　　贷:制造费用——固定资产修理费　　　　　　　　　　　　80 000 计提少计的所得税,假设企业适用的所得税率为 25%,应补充计提所得税,并做如下会计分录。应补充计提的所得税金额＝80 000×25%＝20 000(元) 　　借:所得税费用　　　　　　　　　　　　　　　　　　　　　　20 000 　　　　贷:应交税费——应交所得税　　　　　　　　　　　　　　20 000 缴纳所得税时,做如下会计分录。 　　借:应交税费——应交所得税　　　　　　　　　　　　　　　20 000 　　　　贷:银行存款　　　　　　　　　　　　　　　　　　　　　　20 000

演练 7-8：计提折旧账务处理错误

案情介绍	查账人员在进行固定资产折旧的审查过程中，检查制造费用明细账，发现该科目有一笔账目如下。 借：制造费用　　　　　　　　　　　　　　　　　　　　　　　　800 　　贷：累计折旧　　　　　　　　　　　　　　　　　　　　　　　　　800
问题分析	在摘要中，该笔账目的说明是计提浴室折旧。查账人员认为，企业浴室属于福利设施，其折旧应计入"管理费用"账户，该项账务处理可能是不正确的。
调查取证	通过调阅该笔账目的记账凭证，查账人员发现记账凭证所附原始凭证为自制的固定资产折旧明细表，上面注明浴室折旧属于管理费用。会计人员误将其计入"制造费用"科目。 经询问，会计人员承认因工作疏忽将浴室折旧费计入了"制造费用"科目。
错弊处理	将计入"制造费用"科目的 800 元调至"管理费用"科目。会计分录如下。 借：管理费用　　　　　　　　　　　　　　　　　　　　　　　　800 　　贷：制造费用　　　　　　　　　　　　　　　　　　　　　　　　　800

制造费用业务
错弊风险提示

- 将不属于制造费用范围的支出列入"制造费用"账户，导致产品成本虚增将不属于本期列支的制造费用列入本期"制造费用"科目
- 将该列入制造费用的开支未列入，以虚减成本
- 直接虚增、虚减制造费用，调节当期利润
- 不按规定办法分配制造费用，造成分配不实，以此调节当年利润

7.4 期间费用的查账标准与演练

7.4.1 期间费用的查账标准

期间费用是企业日常经营中发生的经常性开支，具体包括管理费用、销售费用、财务费用，这些项目的查账标准如下。

（1）管理费用的查账标准

对管理费用的审查，应先对其内部控制制度进行评审，然后对各项支出业务进行审查，最后审查其会计处理方式是否正确，具体如表 7-6 所示。

表 7-6　管理费用查账标准表

审查内容	查账标准
内部控制制度	应在描述其内部控制制度的基础上，分别测试其执行情况及效果，对管理费用内部控制制度不完善、不健全的环节，应加以提示，同时作出下一步检查的重点

续表

审查内容	查账标准
支出业务	①将管理费用本期发生额与同期费用预算指标比较,发现超支再进一步检查原因 ②检查是否严格按财务制度规定的比例列支业务招待费,如有多列情况,进一步检查在确定所得税计税依据时是否删除 ③审查管理费用明细账,调阅有关凭证,审查费用开支范围是否合规,注意企业有无将不正当的支出计入管理中,或有无人为列支管理费用,以调节利润 ④检查人工费用及福利费用时,注意有无将福利人员、基建工程人员工资列入管理费用账户的现象
会计核算	①检查管理费用账户设置是否合规合理 ②抽查部分费用项目的会计凭证,注意审查科目运用是否合理及账务处理是否及时和正确 ③审查管理费用账户期末余额结转是否及时、正确

(2) 销售费用的查账标准

对销售费用支出的审查,应以销售费用明细账及有关会计凭证和原始凭证为中心,依据财务会计制度规定,从费用的开支范围、费用界限及费用支出的真实、合理性等方面进行检查。具体的查账标准,如表7-7 所示。

表 7-7 销售费用查账标准表

审查内容	查账标准
销售费用明细账	①审查运输费、装卸费、包装费和保险费等费用是否真实发生,有无利用这些费用调节当期利润的现象 ②对展览费、广告费发生的真实性、合理性进行重点抽查,防止以展览费、广告费掩盖不正当的开支
销售机构的管理制度与经费控制方法	观察其制度是否完善,是否得到有效执行

(3) 财务费用的查账标准

财务费用的查账标准如表7-8 所示。

表 7-8 财务费用查账标准表

审查内容	查账标准
企业利息计算、发放债券溢价、折价摊销影响的利息数额是否正确	①采用分析性复核算法,注意比较各月财务费用有无增大波动,存款利息收入是否抵减了利息支出 ②在检查财务费用支出范围时,应注意费用支出界限的划分是否合规,对构建固定资产的借款利息的列支是否符合规定,即固定资产达到预计可使用状态前的利息列入资产价值,达到预计可使用状态后的利息列入财务费用 ③企业的罚款、违约金是否列入营业外支出,筹建期间的借款利息是否列入长期待摊费用
短期借款利息支出是否已预提	①如果已预提,对已预提的利息费,是否在支付时再次列支财务费用,重复列支以达到虚减利润的目的 ②检查有无将资本化支出记入财务费用的情况
汇兑损益计算是否正确	检查汇兑损益前后期是否一致,有无任意改变结转方法的情况

7.4.2 期间费用的查账演练

 演练 7-9：将购置的固定资产计入管理费用

案情介绍	查账人员在进行企业 2016 年度中期审查时,通过检查利润表,发现本年度上半年利润为 3 000 000 元,与往年同期相比减少约 500 000 元。而通过对生产部门员工的询问得知,企业上半年度生产和销售情况良好。
问题分析	经过核对利润表,查账人员发现企业管理费用比往年大幅增加,增加值约为 500 000 元。这个数额恰好与利润减少数额相符。内审人员认为,企业管理费用大幅增加导致利润大幅下降,这种情况是不正常的。
调查取证	通过调阅"管理费用"明细账,查账人员发现增加的 500 000 元所在明细科目为"管理费用——低值易耗品",而后面所附的原始凭证为购买一批办公电脑的发票,日期为 2016 年 4 月 20 日。根据规定,低值易耗品应核算价值低于 2 000 元的办公用品。企业会计人员将购置电脑款项计入"管理费用——低值易耗品"科目是错误的。 通过询问,会计人员承认,为了避税,将购置电脑的款项直接以低值易耗品的名义计入了"管理费用"科目,造成当期利润大幅下降。
错弊处理	将 500 000 元款项调回"固定资产"科目。其会计分录如下。 　　借:固定资产　　　　　　　　　　　　　　　　　　　　　500 000 　　　　贷:管理费用——低值易耗品　　　　　　　　　　　　　　　　500 000 计提少计的所得税,假设企业适用的所得税税率为 25%,应补充计提的所得税,并做如下会计分录。 应补充计提的所得税金额=500 000×25%=125 000(元) 　　借:所得税费用　　　　　　　　　　　　　　　　　　　　　125 000 　　　　贷:应交税费——应交所得税　　　　　　　　　　　　　　　　125 000 补缴上半年所得税时,做会计分录如下。 　　借:应交税费——应交所得税　　　　　　　　　　　　　　　125 000 　　　　贷:银行存款　　　　　　　　　　　　　　　　　　　　　　125 000

 演练 7-10：篡改记账凭证,侵占销售费用

案情介绍	查账人员对企业进行 2016 年度中期审查,通过核对利润表,发现第二季度企业利润下降 80 000 元。通过对企业销售部门员工的询问,查账人员得知第二季度属商品热销季节,企业第二季度销售额应比上一季度明显增加才对。
问题分析	经过核对"销售费用"明细账,查账人员发现有一笔宣传费支出,记账凭证上金额为 180 000 元,而所附原始凭证发票上的金额为 100 000 元。查账人员认为,记账凭证上的金额与原始凭证不符,这种情况是不正常的。
调查取证	通过函证对方企业,查账人员确定该笔宣传费的金额为 100 000 元。会计人员在记账凭证上所记录金额 180 000 元是不正确的。 通过询问,会计人员承认,因企业内部控制制度有漏洞,会计人员兼任出纳人员的工作。会计人员利用职务之便,篡改记账凭证金额 80 000 元,并企图在报表日之后侵吞这笔款项。
错弊处理	责令会计人员交回 80 000 元侵吞款项,并将多计入"销售费用——宣传费"科目的 80 000 元款项冲回。其会计分录如下。 　　借:银行存款　　　　　　　　　　　　　　　　　　　　　　80 000 　　　　贷:管理费用——宣传费　　　　　　　　　　　　　　　　　　80 000

演练 7-11：财务费用中的汇兑损益计算错误

案情介绍	查账人员在审查企业 2016 年 12 月的"财务费用"账户时，发现当月"财务费用——汇兑损益"科目贷方发生额为 2 500 元，出现汇兑盈余。
问题分析	企业主营贸易出口业务，销售的商品以美元计价。查账人员通过对销售部询问，得知本月出口商品数量与上月基本持平。但根据汇率走势，人民币兑美元的汇率在近 3 个月以来一直处于升值状态。根据这种情况，查账人员认为本月出现汇兑盈余的情况是不正常的。
调查取证	经核实，企业于 2016 年 12 月 11 日出售一批商品，售价 50 000 美元，当日市场汇率为 1 美元＝6.25 元人民币。12 月 31 日，市场汇率变为 1 美元＝6.20 元人民币。这笔款项对方尚未付款，记录在"应收账款"科目。根据这个数据，月末汇兑损益＝50 000×(6.20－6.25)＝－2 500 元，表明本月应为汇兑损失 2 500 元。 经与会计人员核实，会计人员因疏忽在账务处理时记错方向，将应计入"财务费用——汇兑损益"科目借方的汇兑损失错计入该账户贷方，导致本月汇兑损失误记为汇兑收益。
错弊处理	应将错计入贷方的汇兑损益冲回，并反向进行正确的账务处理，其会计分录如下。 冲回错计入"财务费用——汇兑损益"科目贷方的 2 500 元。 　　借：财务费用——汇兑损益　　　　　　　　　　　　　　　　2 500 　　　　贷：应收账款　　　　　　　　　　　　　　　　　　　　　　　2 500 正确记录汇兑损失 2 500 元，应做会计分录如下。 　　借：财务费用——汇兑损益　　　　　　　　　　　　　　　　2 500 　　　　贷：应收账款　　　　　　　　　　　　　　　　　　　　　　　2 500

期间费用业务
错弊风险提示

- 混淆生产成本、期间费用与其他支出的界限挤占、虚列有关费用，人为调节利润水平
- 任意扩大开支范围，提高开支标准
- 外币业务较多企业利用汇兑损益人为调节利润
- 将产品出售后收入私存小金库，而成本转入期间费用
- 利用报销费用，采取多种方式进行贪污舞弊

第8章 实账演练——对利润及利润分配进行查账

8.1 利润组成的查账标准与演练

8.1.1 利润组成的查账标准

根据企业制度的规定,企业的利润组成包含营业利润、投资收益、补贴收入、营业外收入和营业外支出、所得税。投资收益、补贴收入、所得税项目在其他章节已有介绍,这里主要介绍营业利润。

营业利润组成的查账标准如表8-1所示。

表8-1 营业利润组成的查账标准表

审查内容		查账标准
营业外收入	完整性	①检查已经发生的各项营业外收入是否及时全部入账,入账金额是否正确、真实,科目运用及财务处理是否合规 ②审查有无取得收入不入账或入账不通过营业外收入账户的情况
	真实性	检查营业外收入与其他收入的界限是否清楚,有无将营业外收入作为主营业务收入入账,人为调节产品销售利润指标的情况
	"营业外收入"明细账	①检查明细账中的摘要内容是否清楚明确,如不明确应核对有关会计凭证,并进一步查明问题 ②核对会计凭证时,重点检查账证、证证是否相符,是否存在无原始凭证的记账凭证
	其他账户明细账	检查与"营业外收入"错弊相关的其他账户的明细账,如"应付账款""应付工资""其他应付款"等,了解相关业务的会计处理是否合规
	"银行存款日记账"和"现金日记账"	在银行存款日记账和现金日记账中查找与"营业外收入"相关的记录,检查其记录是否正确,摘要内容是否清楚
营业外支出	范围	①检查有无将不正当的开支列入营业外支出 ②检查有无将期间费用列入营业外支出以人为调节费用指标 ③检查有无人为掩饰企业发生的损失而故意不入账或不及时入账的情况
	金额	①检查非常损失、固定资产盘亏、报废、毁损等事项的手续是否完备,金额是否真实、正确 ②在账证核对基础上,通过对有关原始凭证及记账凭证的检查、核对及复算,审查原始凭证中所列内容及有关的批准手续是否合规、完备
	会计处理	①注意在会计中科目运用是否合规、账户记录是否正确 ②营业外支出项目在利润表中的表达是否充分、合规

8.1.2 利润组成的查账演练

演练 8-1：将营业外收入留作"小金库"

案情介绍	查账人员在对企业2016年11月份的"其他应付款"账户进行审查时，发现11月20日有一笔业务记录，其会计分录如下所示。 借：库存现金　　　　　　　　　　　　　　　　　　　　　　　　　1 600 　　贷：其他应付款　　　　　　　　　　　　　　　　　　　　　　　1 600 这张凭证的摘要内容为"对职员张三罚款1 600元"。
问题分析	企业应收到的罚款，不应通过"其他应付款"科目核算，而是应该通过"营业外收入"科目核算。
调查取证	通过该笔业务的原始凭证，发现张三因为违规将企业的生产废料出售，被罚款1 600元。有张三签字，企业盖章的"罚款通知书"上标明的时间为11月15日。查账人员查阅11月15日左右"营业外收入"科目的明细账，并没有发现相关业务记录。 经审查后，财务人员承认，罚款业务发生时，并没有将这笔业务入账。等收到罚款收入时，直接将其计入了"其他应付款"科目，作为企业的"小金库"。准备未来有需要时，直接从该账户内支付。
错弊处理	明确错弊事项后，财务人员应该将以上错误的分录用红字冲销，然后编制正确的分录入账，具体如下所示。 借：库存现金　　　　　　　　　　　　　　　　　　　　　　　　　1 600 　　贷：营业外收入　　　　　　　　　　　　　　　　　　　　　　　1 600

演练 8-2：正常停工损失计入营业外支出

案情介绍	查账人员在对企业的营业外支出明细账进行审查时，发现一笔金额为36 000元的支出，如下所示。 **营业外支出** 总账科目：营业外支出　　　　　　　　　　　　　　　　　　总第62页 明细科目：　　　　　　　　　　　　　　　　　　　　　　　分第62页 | 2016年		凭证号	摘要	借方	贷方	借或贷	余额 | |---|---|---|---|---|---|---|---| | 月 | 日 | | | | | | | | | | | …… | | | | | | 12 | 10 | 付8 | 缴纳污染罚款 | 3 000 | | 贷 | 5 000 | | 12 | 20 | 付16 | 停工损失 | 36 000 | | 贷 | 41 000 | | | | | …… | | | | |
问题分析	12月20日所记录的业务中，摘要部分内容表述不清，未说明是因何种原因停工造成的损失。因此查账人员应进一步查证该笔业务。

续表

调查取证	通过核查这笔业务的记账凭证和原始凭证,查账人员确定这笔支出是企业在停工期间支付的职工福利费、固定资产折旧等各项支出。 造成这笔支出的原因是企业在 11 月份因为季节性原因,导致订单较少,决定停工一段时间。停工期间发生职工福利费、固定资产折旧等各项支出合计 36 000 元。 该业务发生后,会计人员因为对业务不熟练,认为这笔支出属于非正常停工损失,因此将其计入"营业外支出"账户。
错弊处理	在明确了该错弊后,会计人员应用红字填制凭证将错误的会计记录冲销,同时填制一张新的凭证,将停工损失计入"管理费用"科目。

利润组成业务错弊风险提示

- 将营业外收入和其他收入核算内容混淆
- 虚列、多记或改变入账时间等方式,调节当期损益
- 截留隐瞒营业外收入
- 核算内容不合规
- 营业外支出数额不真实,核销手续不完备
- 营业外支出处理不及时、不正确

8.2 投资收益的查账标准与演练

8.2.1 投资收益的查账标准

对企业投资收益的查账内容包括联营投资、转让出售投资股票收益等,具体的查账标准如表 8-2 所示。

表 8-2 投资收益的查账标准表

审查内容	查账标准
联营投资情况	①审阅联营投资协议或合同,看协议和合同规定的内容是否合法合规,如无异议,则应根据协议或合同规定,审查企业执行协议或合同的情况 ②对于联营利润分配条款执行情况,重点审阅"长期股权投资""长期债权投资"或"交易性金融资产"账户以及"投资收益"账户,并结合其他相关账户的会计记录,确认其应取得的联营利润是否按财务规定入账。如发现少收联营利润的情况,应重点审阅相关账户中的"应付账款"或"其他应付款"科目,尤其是相关的原始凭证 ③对于在投资账户未见投资增加,同时在"投资收益"账户未见联营收入的情况,则应及时向受资企业调查,审阅其利润分配的情况,并核实"应付股利"划拨情况
转让出售投资股票收益情况	①审阅股票投资的明细账,了解账面有无转让和出售股票的记录 ②以此为线索,审阅相关记账凭证和原始凭证,结合"其他应付款"账户或"应付账款"账户的审查达到检查目的,确认企业投资收益的存在或转移
是否有将已宣告发放股利列入股票投资成本,造成虚增企业利润的现象	①审阅"长期股权投资""长期债权投资"或"短期投资"的明细账,并与相关的会计凭证核对,主要看看入账成本和实际支付的金额 ②依据原始凭证审查购入股票以前是否宣告发放了股利,价款中是否包含已宣告发放的股利,并结合"投资收益"明细账和"库存现金或银行存款"日记账进行审查

8.2.2 投资收益的查账演练

 演练 8-3：将投资收益计入往来账

案情介绍	查账人员在对企业的投资收益进行审查时,发现企业持有B公司50 000股股票。这些股票在过去几年年底都能获得5 000元左右的股利,但是在2016年底的"投资收益"账户中并没有相关记录。
问题分析	"投资收益"账户中并没有相关记录的原因可能是该股票在2016年没有分红,也可能是财务人员错计了投资收益。
调查取证	通过查询银行存款日记账,发现该企业在2016年12月20日确实收到一笔股利收入,价值6 000元,账簿记录如下。 **银行存款日记账** 第62页 	2016年		凭证		摘要	对方科目	结算凭证		收入(借方)	付出(贷方)	余额
---	---	---	---	---	---	---	---	---	---	---
月	日	种类	号数			种类	编号			
				……						
12	20	收	56	收到B公司股利	其他应付款	转支	306	6 000		306 000
										| 继续查看当月收字56号记账凭证,该凭证如下所示。 **收款凭证** 贷方科目：银行存款　　2016年12月20日　　现收字第56号 | 摘要	借方总账科目	明细科目	√	金　额								
---	---	---	---	---	---	---	---	---	---	---	---	---
				千	百	十	万	千	百	十	元	角	分
收到B公司股利	其他应付款	B公司	√					6	0	0	0	0	0
合计			√	￥				6	0	0	0	0	0	 财务主管：×××　记账：×××　出纳：×××　审核：×××　制单：××× 该收款凭证后所附原始凭证是一张由B公司开出的转账支票的进账单,支票上标明的用途为"支付股利"。 因此可以判断,企业在2016年年底已经收到了B公司的股票分红6 000元,只是未将其计入"投资收益"账户,而是计入了"其他应付款"账户。 经过询问后财务人员承认,是企业为了减少本年利润,故意未将投资收益入账,而是挂在往来账上。

续表

错弊处理	查明以上错弊事项后,财务人员应该将以上与"其他应付款"账户相关的错误凭证和账簿记录用红字冲销,然后用蓝字填制一张正确的凭证入账,其会计分录如下。 　　借:银行存款　　　　　　　　　　　　　　　　　　　　　　　6 000 　　　　贷:投资收益——B公司　　　　　　　　　　　　　　　　　　　6 000

 演练 8-4：截留债券投资收益

案情介绍	查账人员在对企业的投资业务进行审查时,发现企业2016年5月15日购入一张债券,面值100 000元,票面年利率12%,每半年付息一次。
问题分析	2016年11月15日,该债券应该支付利息。不过内审人员查询了这段时间的会计记录,并没有发现相关付息记录。因此内审人员怀疑其中可能存在错弊事项。
调查取证	通过查询11月15日左右的银行存款明细账,查账人员发现以下会计记录。 　　借:银行存款　　　　　　　　　　　　　　　　　　　　　　　6 000 　　　　贷:其他应付款　　　　　　　　　　　　　　　　　　　　　　6 000 通过询问,财务人员承认收到6 000元债券利息,为了隐瞒收入,而将其计入"其他应付款"科目。
错弊处理	明确该错弊事项后,财务人员需要将以上错误记录用红字冲销,然后编制正确的会计分录入账,如下所示。 　　借:银行存款　　　　　　　　　　　　　　　　　　　　　　　6 000 　　　　贷:投资收益　　　　　　　　　　　　　　　　　　　　　　　6 000

投资收益业务
错弊风险提示

- 截留长期债券投资利息收入
- ■ 截留短期投资收益
- ■ 截留联营利润、出售股票收益等投资收益

8.3 所得税业务的查账标准与演练

8.3.1 所得税业务的查账标准

在对企业所得税业务进行审查时,应首先对所得税的计算进行复核,在相关数据计算无误后,调阅有关的明细账进行仔细审阅,如发现疑点,再调阅对应的记账凭证和原始凭证,通过与相关法规、制度的对照以及对相关人员的询问,查出问题根据,进行相应的调整。

所得税业务具体的查账标准如表8-3所示。

表 8-3 所得税业务的查账标准表

审查内容	查账标准
应纳税所得额	①审查应纳税所得税计算是否正确 ②关注生产经营收入、财产转让收入、利息收入、租赁收入、特许权使用费收入、股利收入等收入、收益总账、明细账,并审查原始凭证,弄清经济业务的实质,做出正确处理
所得税税率	根据核实的应纳税所得额,判断所选择的使用税率是否恰当
减免税情况	查实企业是否超范围、超期限、超审批权限地任意申报减免所得税
所得税会计处理	①审查所得税明细账,核对每笔经济业务的真实性、对应科目是否合理 ②根据"应交税费——应交所得税"明细账的借方发生额与所得税缴款书逐笔核对,再与纳税申报表中的已纳税额核对,查看金额是否一致 ③查看"所得税费用"账户年末是否有余额未结转,有无故意多转或少转,人为调节利润的现象
拖欠所得税情况	①可根据"应交税费——应交所得税"明细账的借方发生额,对照所得税缴款书逐笔审查,核实已纳税额 ②与纳税申报表中的已纳税额核对,应注意有无把罚款、滞纳金混淆在已纳税款内
年末结转情况	①"所得税费用"账户期末结转后无余额,应全部转入"本年利润"账中 ②审查所得税明细账,关注年末余额情况,注意有无故意多转和少转,人为调节利润现象

8.3.2 所得税业务的查账演练

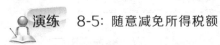

演练 8-5:随意减免所得税额

案情介绍	查账人员在对企业所得税进行审查时,发现企业在 2013 年 7 月 1 日取得"高新技术企业认证证书",有效期为 3 年。根据政策规定,获得该证书后企业所得税可减免 10%,按 15% 征收。 2016 年 10 月 1 日,企业会计人员计算企业 2016 年三季度的所得税时,仍然按照 15% 的税率计算并编制如下会计分录。 借:所得税费用 15 000 贷:应交税费——应交所得税 15 000
问题分析	2016 年 7 月 1 日,企业持有的"高新技术企业认证证书"到期。如企业没有提出复审申请或复审未通过,就不能再享有优惠税率。所得税应按照 25% 的比例计征。
调查取证	通过查询企业的"高新技术企业认证证书",查账人员确认该证书已经到期,且企业提出复审申请后,复审不合格,没有继续获得减免所得税的资格。 造成这项错弊事项的原因是会计人员没有仔细查证企业持有"高新技术企业认证证书"的有效期,导致所得税率应用错误。
错弊处理	发现该错弊事项后,会计人员应该按照 25% 的税率重新计算企业应该缴纳的所得税额,并且补记差额部分。其会计分录如下所示。 借:所得税费用 10 000 贷:应交税费——应交所得税 10 000

演练 8-6：未考虑税收调整项目

案情介绍	查账人员在对企业所得税进行审查时,发现利润表中反映的年度会计利润为 300 000 元。企业使用所得税税率为 25%。因此会计人员计算得到的应交所得税额为 75 000 元。
问题分析	会计人员直接根据会计利润计算所得税,而未考虑税收调整项目,其中可能存在错弊。
调查取证	通过查阅相关账户,查账人员发现该企业当年的"管理费用——业务招待费"发生额为 80 000 元。而根据企业营业额计算,业务招待费限额为 60 000 元,超出的 20 000 元支出不应在税前抵扣。 经询问后会计人员承认,是为了少交所得税,才在计算所得税的过程中未考虑税收调整项目。
错弊处理	超过扣除限额的业务招待费属于计算所得税时不应扣除的项目。企业在计算应税所得额时,应用当年会计利润加上这部分费用。因此,应补提所得税额=20 000×25%=5 000 元。 确认该错弊后,财务人员应补提所得税额,编制如下会计分录。 　借:所得税费用　　　　　　　　　　　　　　　　　　　　　　　5 000 　　贷:应交税费——应交所得税　　　　　　　　　　　　　　　　　　　5 000

企业所得税业务
错弊风险提示

- 应纳税所得额计算错误
- 为少计所得税,故意选用低档税率
- 未按税法规定超范围、超期限,超审批权限地任意申报减免所得税
- 故意出现所得税的计算错误
- 所得税的会计处理不正确,用所得税来调节当期净利润
- 未及时足额缴纳所得税,长期拖欠所得税
- 年末结转错误,故意多转或少转,人为调节利润

8.4 利润分配的查账标准与演练

8.4.1 利润分配的查账标准

对利润分配业务进行审查时,主要采用审阅法和询查法查证相关经济业务。具体的查账标准如表 8-4 所示。

表 8-4 利润分配的查账标准表

审查内容	查账标准
税后利润	①审核有关支出类账户,观察企业建设项目及奖金、实物等职工收入是否有合理的来源 ②审查企业和其直属分支机构的往来账户,了解分支机构的利润实现和上缴情况
利润调整	①把调整额和当年实际利润额进行对比,查看两者是否相符 ②审核当年的总账或报表资料的真实性,观察审查有关数据及业务的账户,以查清问题

续表

审查内容	查账标准
利润分配	①审阅利润分配的有关账户,审查其真实性,测算法定盈余公积金的计提基数,是否为已弥补企业以前年度亏损后的金额,有无有意或无意篡改分配顺序,以不弥补或少弥补亏损等现象 ②审阅利润分配的会计凭证中及其他有关账簿所反映的分配基数和计提比率,并将其与有关规定进行核对 ③根据当年有关利润判断应否向投资者分配利润,同时审阅实收资本明细账,以查明外部投资的真实性,或调阅投资协议,核实投资协议的合理性、有效性,了解有关利润分配的规定。然后根据有关协议与利润分配的会计凭证中核对,确定向投资者分配利润的真实与否
亏损弥补	①审阅从亏损发生年度当本年的盈利及补亏资料,分析当年用税前利润补亏是否合理 ②了解有关亏损用利润补亏的期限和企业实际情况进行对比,分析企业应用利润补亏还是用公积金补亏 ③审查企业有无不弥补亏损的情况,以便查清问题

8.4.2 利润分配的查账演练

演练 8-7:超过5年的亏损仍在税前弥补

案情介绍	2016年年底,查账人员在对企业利润分配进行审查时,发现企业2010年因为发生火灾造成巨大损失,当年共发生净亏损2 000 000元。经过2011年至2015年连续5年用利润弥补亏损,企业"利润分配——未分配利润"账户上仍存在借方余额300 000元。 2016年,企业税前利润为500 000元。会计人员用其弥补以前年度的亏损后,仍盈利200 000元,按照25%的所得税率计算,应缴纳的所得税为50 000元。
问题分析	企业发生的年度经营亏损,可以用以后年度的税前利润弥补。但5年内的利润仍不足弥补的,应当用税后利润弥补。
调查取证	查账人员通过查询企业自2010年开始的盈利记录,确认企业2011年至2015年5年的利润都不足以弥补2010年的损失,"利润分配——未分配利润"账户上确实存在借方余额300 000元。 造成这项错弊的原因是会计人员不清楚利润弥补亏损的相关规定,用2016年的税前利润弥补2010年的亏损,造成企业少交所得税。
错弊处理	2016年的利润应该先交纳所得税后,再弥补之前年度的亏损。按照25%的所得税率计算,当年应缴纳的所得税额=500 000×25%=125 000(元),税后利润=500 000-125 000=375 000(元),弥补以前年度亏损后的余额=375 000-300 000=75 000(元)

演练 8-8:利润分配的顺序不正确

案情介绍	查账人员在对企业的利润分配业务进行审查时,发现企业2016年总共取得税前利润300 000元,同时向大股东分配股利30 000元。该大股东对公司的持股比例为10%。
问题分析	向股东分配的利润为税前利润的10%。这很可能是公司在未交所得税、未提取盈余公积的情况下,就按照税前利润的10%向股东分配利润。
调查取证	查账人员通过符合计算净利润和利润分配的相关金额,证实了以上判断。 造成错弊的原因是企业为了向股东支付更多分红,同时少交所得税和少提盈余公积,故意先向股东分配利润。

续表

错弊处理	发现该错弊事项后,会计人员应该按照规范的流程重新计算相关金额。 所得税＝300 000×25％＝75 000(元) 法定盈余公积＝(300 000－75 000)×10％＝22 500(元) 应付利润＝(300 000－75 000－22 500)×10％＝20 250(元) 未分配利润＝300 000－75 000－22 500－20 250＝182 250(元)

利润分配
错弊风险提示

- 利润分配顺序的错弊
- 利润分配标准的错弊
- 向投资者分配的利润不真实,不正确,向投资者分配利润账务处理不正确

实账演练——对会计报表进行查账

9.1 资产负债表的查账标准与演练

9.1.1 资产负债表的查账标准

资产负债表是反映一定时点企业资产、负债、所有者权益财务状况的会计报表。对资产负债表进行审查,应包括综合审查、分项审查以及分析评价审查三个方面。

(1) 综合审查

对资产负债表的综合审查,主要从三个方面进行,具体查账标准如表9-1所示。

表 9-1 资产负债表综合审查标准表

审查内容		查账标准
结构、编制技术的正确性	结构、形式	主要审查资产负债表的结构、形式是否符合《企业会计制度》的要求,报表内的各项目、指标是否填列齐全,有无漏填、错行、错格等问题
	报表是否平衡	资产负债表资产合计数是否等于负债和权益合计数,表内有关资料、数据的汇总,是否正确
	账表是否一致	资产负债表中所反映的项目的数据与有关账簿中的数据是否一致,即账表是否一致
与其他会计信息的一致性		①根据会计报表与账簿、账簿与账簿、账簿与实物、账簿与凭证一致性的原理,审查和核对总分类账簿的期末余额、各种明细分类账簿的期末余额 ②审查各种凭证是否齐全、正确 ③审查实物保管是否完整无缺
与其他各种报表的勾稽关系		审查报表之间的勾稽关系,并在此基础上,根据报表所提供的资料,计算、分析各项经济指标

(2) 分项审查

资产负债表分项审查,即按照资产负债表的项目进行分项审查。具体的审查标准如表9-2所示。

(3) 分析评价审查

对资产负债表的分析评价审查,一般应从企业的短期偿债能力、长期偿债能力、资本获利能力以及资本营运能力等方面展开,具体的查账标准如表9-3所示。

表 9-2 资产负债表分项审查标准表

审查内容		查账标准
货币资金	现金	应由出纳员当场实地清点。现场盘点过程中有无临时用借条冲抵的现象
	银行存款	主要是根据企业年末资产负债表和年末银行存款账户的结存额和银行送来的对账单进行账目核对,以确定企业银行存款实际结存额
	其他货币资金	审查其他货币资金的账户设置及使用情况
应收账款及应收票据	应收账款	①把资产负债表中该项目数额与应收账款账户的年末余额核对相符 ②把应收账款年末余额与其所属的各明细分类账的年末数之和加以比较,看两者是否相符 ③根据各明细账所登记的发生额,与记账凭证或原始凭证加以核对,了解其发生的原因及处理是否正确
	应收票据	①把资产负债表中应收票据项目的数额与应收票据账户的年末余额,以及应收票据账户年末余额与其所属的明细分类账年末余额之和进行相互核对,看其是否相符 ②在此基础上,再根据明细账的内容逐项进行审核
存货	存货数量	采用实地盘点的方法对存货数量进行审查
	存货价值	①分清受审单位采用的存货核算方法是永续盘存法,还是实地盘存法 ②根据各类存货的特点,对存货价格进行逐一审查。审查时,应根据各种原始凭证和企业经营的有关会计记录,与上期数据比较,看存货价格有无很大变化。如有变化,应分析其变化的原因,找出不合理、不合法的因素,对账目进行调整
长期投资		①逐一检查长期投资项目的原始凭证,看原始凭证中所载金额是否与账户、报表中一致,如果是实物投资,看其计价是否正确 ②如对其中某些情况产生疑问,可以通过向接受此项投资的单位发函询证,加以核实
固定资产		①审查各项固定资产的使用年限 ②审查各项固定资产的使用情况 ③审查固定资产原始价值的具体构成 ④折旧计算中固定资产残值和清理费用的估计金额和年折旧额的计算
无形资产及开办费	无形资产	以取得时的成本为估价标准
	开办费	从开办费的组成内容入手,根据开办费的原始凭证,逐项审查,尤其要注意企业筹办期与开始生产经营日期的界限,以防被查企业将开始生产经营后的有关费用列作开办费
流动负债		重点审查各项流动负债的合理、合法性,注意有无遗漏或虚列流动负债项目,并重点审查各项流动负债的归属期
所有者权益		①查账人员可以根据验资结果,与验资报告书加以核对,看两者是否相符 ②对于其他所有者权益,查账人员应审核其账户余额与资产负债表中该项目的数额是否一致

表 9-3 资产负债表的分析评价审查标准表

审查内容	计算公式	查账标准
短期偿债能力	流动比率 = $\dfrac{流动资产}{流动负债}$	①将计算出的流动比率与同行业、本企业的历史相比,应找出过高或过低的原因 ②一般情况下,影响流动比率的因素有营业周期、流动资产中应收账款和存货的变现能力
	速动比率 = $\dfrac{速动资产}{流动负债}$ = $\dfrac{流动资产-存货}{流动负债}$	审查企业应收账款的变现能力即周转的快慢

续表

审查内容	计算公式	查账标准
长期偿债能力	资产负债率＝$\dfrac{负债}{资产}$	①反映企业长期偿债能力的指标,是负债与资产的比值,表示总资产中负债所占的比重 ②当企业预期利润率降低时,应减少负债规模
	产权比率＝$\dfrac{负债}{所有者权益}$	①反映企业由债权人提供的资本与股东提供的资本的相对关系,反映企业基本财务结构是否稳定 ②该指标同时也表明债权人投入的资本受到股东权益保障的程度
资本获利能力	资本利润率＝$\dfrac{利润}{资本}$	①用以衡量投入企业的资本在一年内可以实现多少利润,表明企业资本的赢利水平。该指标越高越好,表明企业资本的获利能力强 ②评价这一指标时,可将本年资本利润率与同行业平均水平以及企业历史水平进行横向纵向比较,以观察企业获利能力的变动趋势
资本保值增值能力	资本保值增值率＝$\dfrac{年末所有者权益－年初所有者权益}{年初所有者权益}$	它标志着资本投入企业后的增值程度,若为负数,则表明资本不仅未保值,反而减值,甚至将发生破产
资产营运能力	应收账款周转率＝$\dfrac{销售收入}{应收账款平均余额}$	①该指标越高,说明应收账款收回越快。否则,企业营运资金多呆滞在应收账款上,影响正常的资金周转 ②查账人员可通过该指标的当年指标、同行业平均水平等相比较,判断该指标高低
	存货周转率＝$\dfrac{销售成本}{存货平均余额}$	该指标越高越好,表明存货从投入资金到销售收回的时间越短,其变现速度越快,短期偿债能力越强,企业的资金使用效率越高,企业经营效率也越高

9.1.2 资产负债表的查账演练

演练 9-1: 表表不符

案情介绍	查账人员在对企业年度资产负债表的审查中发现该企业近年来未进行任何长、短期投资,资产负债表中长、短期投资均为零,但在"投资收益"项目中却记了3 000 000元。(其增值税税率为11%)
问题分析	资产负债表中长、短期投资均为零,但在"投资收益"项目中却记了3 000 000元。这种情况是不可能出现的。
调查取证	经查账人员检查企业的投资收益账户,发现企业投资收益来源于一笔装修业务,企业为了逃避增值税,而将装修收入列入了投资收益,造成表表不符。
错弊处理	查账人员责令会计人员做了如下分录调整。 借:投资收益　　　　　　　　　　　　　　　　　　3 000 000 　　贷:主营业务收入　　　　　　　　　　　　　　　　　3 000 000 借:主营业务税金及附加　　　　　　　　　　　　　　330 000 　　贷:应交税费——应交增值税　　　　　　　　　　　　330 000

演练 9-2：利用资产负债表，贪污钱款

案情介绍	查账人员在审查公司的资产负债表时，发现长期借款账户中的一笔借款，利息费用有两次和其他几次的金额不同，各高出 1 500 元。
问题分析	查账人员对这种情况产生怀疑，认为有可能是会计人员一时过失造成的；或者是会计人员故意多记长期借款利息，并贪污欠款。
调查取证	于是查账人员展开调查，他检查了有关的借款合同和还款证明，发现借款合同上要求公司等额偿还借款利息，不存在浮动利率的情况。而还款证明上则记录公司偿还的利息金额与账面上相差 1 500 元，两次共差 3 000 元，显然这 3 000 元没有进银行。 查账人员询问了会计人员，会计人员坚持说没有记错。于是查账人员认定这 3 000 元去向不明。在各方的压力下，该会计人员终于承认，自己私自将长期借款的利息金额改大，从中牟利。
错弊处理	查账人员将上述情况及时或报给经理，经理将该名会计人员开除；同时，财务部应在选择可靠的会计人员的同时，加强监管，避免错弊事项再次发生。

资产负债表业务错弊风险提示

- 依据不明，账簿记录与资产负债表反映的数据不相符
- 对资产负债表进行人为平衡，破坏了报表的内部联系和正常的勾稽关系，从而使会计信息失真
- 项目分类错误，如未按规定将资产负债表分为资产、负债、所有者权益三大项和具体的小项，归入各项目的数据不真实
- 报表格式不规范，项目不完整，未按规定填表，少记、漏记或错记有关项目数据
- 其他人为造假，提供不真实的会计信息

9.2 利润表的查账标准与演练

9.2.1 利润表的查账标准

利润表是反映企业一定时期经营成果的会计报表。它反映了企业收入、成本、费用、税收等情况，对利润表进行审查，包括综合审查、分项审查以及分析评价审查三个方面。

（1）综合审查

利润表的综合审查，就是对企业的年度利润表格式、项目、编制方法等方面进行的审查。具体的审查标准，如表 9-4 所示。

表 9-4　利润表综合审查标准表

审查内容		查账标准
格式		审查年度利润表的编制结构和形式是否合理、合法
项目	计算	①营业利润＝营业收入－营业成本－税金及附加－销售费用－管理费用－财务费用＋投资收益 ②利润总额＝营业利润＋营业外收入－营业外支出 ③净利润＝利润总额－所得税费用
	数字	①"营业收入"项目,可与"主营业务收入"账户当期贷方发生额减去当期贷方发生额中的销售退回和销售折让后的净额以及"其他业务收入"贷方发生额核对 ②"营业成本"项目,可与"主营业务成本"科目和"其他业务成本"科目的借方发生额核对。审查月份报表时与当月借方发生额核对,审查年度报表时与全年借方发生额核对 ③"税金及附加"项目,应与"税金及附加"科目的借方发生额核对 ④"销售费用"项目,可与有关项目的当月借方发生额、全年借方发生额核对 ⑤"管理费用"项目,可与"管理费用"科目的发生额核对 ⑥"财务费用"项目,可与"财务费用"科目的发生额核对 ⑦"投资收益"项目,可与"投资收益"科目期末转入"本年利润"的数额核对 ⑧"营业外收入"项目,可与"营业外收入"科目期末转入"本年利润"的数额核对 ⑨"营业外支出"项目,可与"营业外支出"科目期末转入"本年利润"的数额核对 ⑩报表中的"本年累计数"栏的各项数字,可与上月该表的"本年累计数"加上本月该表的"本月累计数"后的数额相核对
勾稽关系		审查表中有关项目的资料与资产负债表、现金流量表中有关项目的资料是否一致,互相衔接

（2）分项审查

在利润表综合审查的基础上,查账人员应从利润表的各项目入手,对各项目内容的合理性进行进一步的审查,具体的审查标准如表 9-5 所示。

表 9-5　利润表分项审查标准表

审查内容		查账标准
销售收入		产品销售收入是计算产品销售税金和产品销售利润的基础。销售收入计算正确与否,将会影响税金交纳和利润的实现
成本费用		①企业为生产经营商品和提供劳务等发生的各项直接支出,包括直接材料、直接工资、商品采购成本以及其他直接支出,是否直接计入生产经营成本 ②企业发生的销售费用、管理费用和财务费用,是否按规定直接计入当期损益 ③本期支付应由本期和以后各期负担的费用,是否按一定标准分配计入本期和以后各期;本期尚未支付但应由本期负担的费用,是否预提计入本期 ④企业的成本计算方法一经确定,是否有随意变动的情况 ⑤确认企业的下列支出没有列入成本、费用:为购置和建造固定资产、购入无形资产、购入无形资产和其他资产的支出,对外投资的支出,被没收的财产、各项罚款、赞助、捐赠支出,以及国家规定不列入成本、费用的其他支出
利润	投资收益	审查其构成内容是否符合规定,各类投资收益的数额是否真实
	营业外收支	审查营业外收入和营业外支出的构成内容是否确实与本企业生产经营有直接关系,特别应注意固定资产盘盈、盘亏、毁损价值的真实性和处理固定资产收益或损失数额的真实性、罚款收支的正确性、确认无法支付的应付款项和非正常损失是否履行审批手续等

（3）分析评价审查

对利润表的分析评价审查,一般应从企业的销售净利率、资产净利率及净资产收益率等方面展开,具体的查账标准如表 9-6 所示。

第9章 实账演练——对会计报表进行查账

表 9-6 利润表的分析评价审查标准表

审查内容	计算公式	查账标准
销售净利率	销售净利率 = $\dfrac{\text{净利润}}{\text{销售收入}}$	对企业来说，销售净利率越高越好，要想提高净利率必须在销售收入不变的情况下，或销售收入扩大的同时，控制成本费用的发生，改进经营管理，增加净利润
	销售毛利率 = $\dfrac{\text{销售收入} - \text{销售成本}}{\text{销售收入}}$	表示每一元销售收入扣除销售成本后，有多少钱可用于弥补各项期间费用和形成赢利，它是企业销售净利润的最初基础，没有足够大的毛利率便不能实现赢利
资产净利率	资产净利率 = $\dfrac{\text{净利润}}{\text{平均资产总额}}$	①指标越高，表明资产的利用效率越高，说明企业在增加收入和节约资金使用等方面取得了良好的效果 ②为了正确评价企业经营效益的高低，挖掘提高利润水平的潜力，可以利用该指标与本企业前期、计划、本行业平均水平、行业内先进企业进行对比，分析形成差异原因
净资产收益率	净资产收益率 = $\dfrac{\text{净利润}}{\text{平均净资产}}$	该指标反映公司所有者权益的投资报酬率

9.2.2 利润表的查账演练

 演练 9-3：偷逃所得税直接影响净利润

案情介绍	某工厂有职工 400 人，其中，基本生产车间工人 250 人，辅助生产车间工人 50 人，车间管理部门人员 20 人，企业管理部门人员 80 人。该企业固定资产总值 6 000 000 元，其中车间拥有 5 000 000 元（3 000 000 元的机器设备，2 000 000 元的房屋建筑物），厂部管理部门拥有 1 000 000 元，为房屋建筑物，该企业 2016 年 12 月份的利润表如下。 利 润 表 会企02表 编制单位：　　　　2016年12月　　　　单位：元 {table below}

项目	本期金额	本年累计数
一、营业收入	950 000	10 560 000
减：营业成本	550 000	6 500 000
税金及附加	10 000	60 000
销售费用	40 000	400 000
管理费用	80 000	700 000
财务费用	30 000	300 000
资产减值损失		
加：公允价值变动收益（损失以"-"号填列）		
投资收益	50 000	450 000
其中：对联营企业和合营企业的投资收益		
二、营业利润（亏损以"-"号填列）	290 000	3 050 000
加：营业外收入	30 000	120 000
减：营业外支出	40 000	170 000
其中：非流动资产处置损失		
三、利润总额（亏损总额以"-"号填列）	280 000	3 000 000

续表

案情介绍	其他与纳税有关的资料如下： 1. 该企业全年各账户有关资料如下： (1)主营业务成本中的各有关费用资料 ①直接工资总额为 1 080 000 元，福利费 151 200 元。 ②附注生产工资总额为 180 000 元，福利费 25 200 元。 ③制造费用工资总额 150 000 元，福利费 21 000 元，折旧费 480 000 元，其中房屋建筑物原值 2 000 000 元，按 8％计提折旧，共提取折旧 160 000 元，机器设备原值 3 000 000 元，按 10％计提折旧，共提取折旧 300 000 元。 (2)各期间费用的有关资料 ①工资费用 370 000 元，福利费 51 800 元。 ②房屋建筑物等非生产用固定资产原值 1 000 000 元，按 8％计提折旧，共提取折旧 80 000 元。 ③管理费用中业务招待费 50 000 元。 ④坏账准备金 10 000 元，企业应收账款的期末余额为 1 500 000 元。 ⑤工会经费为 35 600 元，职工教育费为 26 700 元。 ⑥财务费用中支付本期债券的利息支出 75 000 元（债券于本年 6 月底归还，数额 1 000 000 元，按 15％的年利率支付利息）。 (3)营业外支出中的有关资料 ①本期因排污处理不当，被环保部门罚款 10 000 元。 ②本期向国家希望工程捐款 50 000 元，通过非营利性的社会团体向卫生部门捐赠 30 000 元，向贫困地区直接捐赠 20 000 元。 ③向其他单位支付赞助费 10 000 元。 2. 与纳税有关的其他资料： (1)计税工资按当地政府的规定为人均月 350 元，已报财政部门备案。 (2)职工福利费、工会经费、职工教育费分别按计税工资总额的 14％、2％、1.5％计提。 (3)银行同期贷款利率为 10％。 (4)业务招待费使用统一规定。 (5)用于公益、救济性的捐赠在年度应纳税所得额的 3％范围内的部分准予扣除。 (6)固定资产折旧计入扣除范围的标准为：生产用房屋建筑物的折旧率为 6％，机器设备折旧率为 8％，生活用房建筑物折旧率为 4％。 (7)坏账准备金按年末应收账款的 5‰提取。
问题分析	审查企业工资项目、职工福利费、工会经费、职工教育费项目、折旧费项目、业务招待费项目、利息支出项目、坏账准备金，其他项目的计税依据是否正确，是否计算纳税调整项目。
调查取证	1. 工资项目的审查分析与调整：当地政府规定的计税工资为人均月 350 元，该企业应按 400 人计算计税工资总额，即：计税工资总额＝400×350×12＝1 680 000(元)；但企业实际计入当期损益的工资额＝1 080 000＋180 000＋150 000＋370 000＝1 780 000(元)，即实际工资总额高于计税工资总额的 100 000(1 780 000－1 680 000)元，企业应作为纳税调整项目金额。 2. 职工福利费、工会经费、职工教育费项目的审查分析与调整：按税法规定，这三项费用都应以计税工资总额为计算依据，所以三项费用可扣除数额为：职工福利费＝1 680 000×14％＝235 200(元)；工会经费＝1 680 000×2％＝33 600(元)；职工教育费＝1 680 000×1.5％＝25 200(元)。三项费用合计数＝235 200＋33 600＋25 200＝294 000(元)，但企业实际发生了上述三项费用金额＝25 200＋151 200＋21 000＋51 800＋35 600＋26 700＝311 500(元)，应作为调查项目金额。 3. 折旧费项目的审查分析与调整：按照前述企业固定资产提取折旧的标准，企业本期应扣除折旧费用如下：生产用房屋建筑物应计提折旧额＝2 000 000×6％＝120 000(元)；生产用机器设备应计提折旧额＝3 000 000×8％＝240 000(元)；生活用房屋建筑物应计提折旧额＝1 000 000×4％＝40 000(元)；总计应计提折旧额＝400 000 元。但据企业实际资料可知，企业实际提取的折旧额为 540 000 元，即生产车间房屋建筑物 160 000 元，生产设备 300 000 元，厂部生产用房屋建筑物 80 000 元，两者的差额 140 000(540 000－400 000)元，即为调整项目金额。 4. 业务招待费项目的审查分析与调整：按税法规定，纳税人发生的与其他经营业务直接相关的业务招待费，

续表

调查取证	在下列规定比例范围内,可据实扣除。全年销售(营业)收入净额在 15 000 000 元及以下的,不超过销售(营业)收入净额的 5‰;全年销售(营业)收入净额超过 15 000 000 元的,不超过该部分的 3‰。该企业全年营业额为 9 000 000 元,则本年度准予扣除的业务招待费计算如下:准予扣除的业务招待费=9 000 000×5‰=45 000(元)。该企业实际发生的业务招待费用为 50 000 元,超出准予扣除标准的 5 000(50 000-45 000)元,高出部分应调整。 5. 利息支出项目的审查分析与调整:本期支付债券利息而计入财务费用账户的数额为 75 000 元,但按银行同期贷款利息 10%的水平,其记入财务费用数额高于准予扣除数额,高出的数额应予调整,其高出数额=1 000 000×15%×6÷12-1 000 000×10%×6÷12=25 000(元)。 6. 坏账准备金的审查分析与调整:年末应收账款 1 500 000 元,按企业计坏账准备金的标准 5‰计算,企业本年应计提坏账准备金 7 500(1 500 000×5‰)元,但企业实际计提 10 000 元,超出准予扣除标准 2 500(10 000-7 500)元,高出部分也应调整。 7. 其他项目的审查分析与调整:根据税法和其他规定,该厂尚有以下项目需要调整: (1)因排污处理不当的罚款 10 000 元,不允许在税前扣除。 (2)向希望工程和通过非盈利性的社会团体向卫生部门捐赠 80 000 元属公益救济性捐赠,在应纳税所得额 3%的范围内允许扣除,从企业利润额 3 000 000 元来看,不需调整。直接向穷困地区捐赠的 20 000 元,以及向其他单位支出的赞助费 10 000 元不允许扣除,应直接调整。
错弊处理	上述各项调整后,企业本年度纳税所得额为:企业本年应纳税所得额=企业利润总额±税收调整项目金额=3 000 000+100 000+17 500+140 000+5 000+25 000+2 500+10 000+20 000+10 000=3 330 000(元)

演练 9-4: 通过联营形式,少计利润

案情介绍	查账人员对 A 公司 2015 年至 2016 年度的利润表项目进行审查。
问题分析	查账人员发现 A 公司通过联营形式,少计应得联营利润 200 000 元,于是展开调查。
调查取证	查账人员开始审查相关凭证,发现有一张不附结算清单的 70 000 元收款凭证;在往来账项中,查账人员调阅了 2015 年度"应收账款",发现 8 月 4 日转账凭证反映:公司收到××市××单位联营利润 70 000 元,其凭证中的会计分录如下。 借:应收账款　　　　　　　　　　　　　　　　　　　　　　　　　　70 000 　　贷:本年利润　　　　　　　　　　　　　　　　　　　　　　　　　　70 000 但这张凭证没有附联营利润分成结算清单。为了查证,查账人员通过口头询问,向会计人员了解到联营业务及收入问题,但会计人员只是按照账面情况反映。 于是,查账人员到联营对方单位进行查证,情况是公司与××单位双方有联营协议,联营业务主要是石油和柴油。双方三七分成,即公司七成,××单位三成。联营企业共获得利润 350 000 元,按分成标准,公司可得 245 000 元,并已付清。 查账人员查证联营单位联营利润支付情况,发现如下问题: (1)2015 年 6 月 22 日第 17 号凭证。"其他应付款——B 公司"汇材料款 138 000 元。A 公司收到此款项后,记入"其他应收款——××联营单位"贷方。 (2)2015 年 9 月 21 日第 30 号凭证。"其他应付款——B 公司"汇货款 70 000 元。A 公司收到款后,同样计入"其他应收款——××联营单位"户作借入款项入账。 (3)2015 年 12 月 31 日第 60 号凭证。"其他应付款——A 公司"代 A 公司汇货款 20 000 元至 C 公司。 (4)2016 年 5 月 20 日第 18 号凭证。"其他应付款——A 公司"代 A 公司汇款 10 000 元至 D 公司。 以上情况表明,××联营单位,在联营利润分成和支付上均按双方协议办理,将应分给 A 公司的 245 000 元,分四次分别汇至 A、B、C 三个公司的账户。 查账人员继续追踪查证发现:A 公司在 2015 年至 2016 年度财务决算中只反映联营利润 70 000 元,其他 175 000 元中的 30 000 元(10 000+20 000)在 C、D 两个公司账户中。138 000 元仍挂在公司账户,作"其他应收款——××联营单位"入账。

错弊处理	查账人员命令会计人员将少计应得联营利润问题作了如下分录处理。		
	借:其他应收款——××联营单位		175 000
	贷:银行存款		175 000
	待收到该笔款项,作如下会计分录。		
	借:银行存款		175 000
	贷:其他应收款——××联营单位		175 000

利润表业务错弊风险提示

- 依据不明,账簿记录与报表反映的数据不相符
- 表中项目所列内容不真实。如费用归类不恰当、收入确认不正确等
- 表中项目的数字填列不正确。如销售成本多计或少计,从而导致利润指标不真实并影响所得税的正确性
- 报表格式不合规。主要指利润表格式不合规,项目不完整,未按规定填表,少记、漏记或错记有关项目数据

9.3 现金流量表的查账标准与演练

9.3.1 现金流量表的查账标准

现金流量表是反映企业在一定会计期间现金与现金等价流入和流出的会计报表。对现金流量表进行审查,应从分项审查和分析评价审查两个方面进行。

(1) 分项审查

对现金流量表分项审查,应从经营活动产生的现金流量、投资活动产生的现金流量、筹资活动产生的现金流量以及现金流量表补充资料项目四个方面进行。

① 经营活动产生的现金流量的查账标准。

经营活动产生的现金流量的查账标准,如表9-7所示。

表9-7 经营活动产生的现金流量的查账标准表

审查内容	查账标准
"销售商品提供劳务收到的现金"项目	重点审阅核对"现金""银行存款""应收账款""应收票据""预收账款""主营业务收入""其他业务收入"等账户的有关内容
"收到的税费返还款"项目	重点核对"现金""银行存款""主营业务税金及附加""补贴收入""应收补贴款"等账户的有关内容
"收到的其他与经营活动有关的现金"项目	①注意根据会计重要性原则,核对现金流入价值较大的,是否单列项目反映 ②查对"现金""银行存款""营业外收入""其他应收款"等账户的有关内容
"购买商品,接受劳务支付的现金"项目	①检查该项目是否等于购买商品、接受劳务实际支付的现金加上本期支付前期购买商品、接受劳务的未付款和本期预付款项减去本期发生的退货退回收到的现金 ②应审阅"现金""银行存款""应付账款""存货""应付票据""主营业务成本"等账户的有关内容

续表

审查内容	查账标准
"支付给职工以及为职工支付的现金"项目	①注意支付给离退休人员的各项费用是否按规定不该在本项目中列示,应在"支付的其他与经营活动有关的现金"账户中列示 ②支付的在建工程人员的工资是否按规定不得在该项目中反映,应在投资活动的"购建固定资产、无形资产和其他长期资产所支付的现金"账户中反映 ③检查企业为职工支付的养老、失业等社会保险基金、住房公积金、支付给职工的住房困难补助、为职工支付的其他福利费等,是否按职工的工作性质和服务对象,分别在本项目和"购建固定资产、无形资产和其他长期资产所支付的现金"账户中反映
"支付的各项税费"项目	①在检查过程需注意与固定资产有关的税金,如固定资产投资方向调节税、耕地占用税,是否放入该项目,是否按规定应列入"购建固定资产、无形资产和其他长期资产所支付的现金"账户 ②检查该项目是否按规定不包括增值税 ③检查本期收到退回的各种税费是否按规定不应在本项目反映,应在"收到的税费返还"项目中反映
"支付的其他与经营活动有关的现金"项目	注意是否将价值较大的内容单列项目反映

② 投资活动产生的现金流量的查账标准。

投资活动产生的现金流量的查账标准,如表9-8所示。

表9-8 投资活动产生的现金流量的查账标准表

审查内容	查账标准
"收回投资所收到的现金"项目	①对于转让的现金等价物收回的现金是否按规定不应在本表中列示,审查时可根据被查企业现金等价物的界定和"短期投资"账查对 ②收回长期债权投资的利息是否不在本项目中列示,而应在"取得投资收益所收到的现金"项目中列示 ③收回的非现金资产投资,是否混入本项目
"取得投资收益所收到的现金"项目	审阅、查对"现金""银行存款""投资收益"等账,注意检查股票股利是否混入该项目中填列
"处置固定资产、无形资产和其他长期资产所收回的现金净额"项目	①检查该项目时应注意处置固定资产发生的清理费是否抵减清理收入,以净额反映其现金流入 ②检查由于自然灾害所造成的固定资产等长期资产损失时收到的保险赔偿收入是否按规定在本项目中反映
"收到的其他与投资活动有关的现金"项目	检查时应注意,如有较大数额的"现金流入",检查是否已经单独列出
"购建固定资产、无形资产和其他长期资产所支付的现金"项目	①检查时应根据"固定资产""无形资产"和"在建工程"账户的有关内容进行分析检查 ②检查时需注意为购建固定资产而发生借款利息资本化的部分,是否按规定应在筹资活动中"分配股利、利润或偿付利息所支付的现金"项目中列示 ③融资租入资产支付的租赁费借款利息是否按规定应在筹资活动中"支付的其他与筹资活动有关的现金"项目中列示

续表

审查内容	查账标准
"投资所支付的现金"项目	①检查是否包括了进行的现金等价物投资的支付款,该项目应包括企业取得的除现金等价物以外的短期股票投资、短期债券投资、长期股权投资、长期债权投资支付的现金以及支付的佣金、手续费等附加费 ②购买股票和债券时,实际支付的价款中包含的已宣告但未领取的现金股利或已到付息期但尚未领取的债券利息,按规定不该在本项目中列示,应在投资活动的"支付的其他与投资活动有关的现金"项目中列示 ③收回购买股票和债券时包含的已宣告但未领取的现金股利或已到付息期但尚未领取的债券利息时,是否按规定应在"收到的其他与投资活动有关的现金"项目中反映
"支付的其他与投资活动有关的现金"项目	对该项目检查时应注意有价值较大的现金流出是否单列项目反映

③ 筹资活动产生的现金流量的查账标准。

筹资活动产生的现金流量的查账标准,如表9-9所示。

表9-9 筹资活动产生的现金流量的查账标准表

审查内容	查账标准
"吸收投资收到的现金"项目	①检查以发行股票、债券等方式筹集的资金是否按规定以发行收入减去支付的佣金等发行费用后的净额在该项目中列示 ②以发行股票、债券等方式筹集资金而由企业直接支付的审计、咨询等费用,是否按规定应在"支付的其他与筹资活动有关的现金"项目中列示,不该从本项目中扣除
"借款所收到的现金"项目	主要检查"短期借款""长期借款""现金""银行存款"等账户
"收到的其他与筹资活动有关的现金"项目	检查该项目时应注意与其相关的一些账户如"资本公积"等,如有价值大的现金流入,应单独反映
"偿还债务所支付的现金"项目	检查时应注意偿还债务的利息不在本项目中反映,应在"分配股利、利润或偿还利息所支付现金"项目中列示
"分配股利、利润或偿付利息所支付现金"项目	检查时可审阅"支付股利""财务费用""长期借款""现金""银行存款"等科目
"支付的其他与筹资活动有关现金"项目	当该项目支付的其他与筹资活动有关的现金流出价值大时,应加以检查,如捐赠现金支出、融资租入固定资产支付的租赁费等
"汇率变动对现金的影响"项目	检查时应注意汇率的选用是否正确,复核折算折合后人民币的正确与否

④ 现金流量表补充资料项目的查账标准。

现金流量表补充资料项目的查账标准,如表9-10所示。

表9-10 现金流量表补充资料项目的查账标准表

审查内容	查账标准
"计提的资产减值准备"项目	检查该项目是否根据"管理费用""投资收益""营业外收支"账户提取或冲销的坏账准备、无形资产减值准备、长期投资减值准备、短期投资减值准备、固定资产减值准备、在建工程减值准备数进行填列
"固定资产折旧"项目	检查该项目是否根据"累计折旧"贷方发生额中本期计提折旧数填列

续表

审查内容	查账标准
"无形资产摊销和长期待摊费用摊销"项目	检查该项目是否根据"无形资产""长期待摊费用"贷方发生额摊入成本费用数进行填列
"长期待摊费用减少"项目	检查该项目是否根据资产负债表"长期待摊费用"项目的期初、期末余额的差额填列,如期末数大于期初数,其差额是否以"－"号填列
"处置固定资产、无形资产和其他长期资产的损失"项目	检查该项目是否根据"营业外收入""营业外支出""其他业务收入""其他业务支出"科目所属有关明细科目的记录分析填列,如为净收益是否以"－"号填列
"固定资产报废损失"项目	检查该项目是否根据"营业外支出""营业外收入"科目所属有关明细账中固定资产盘亏损失减去固定资产盘盈收益后的差额填列
"财务费用"项目	检查该项目是否根据财务费用科目的本期借方发生额分析填列,如为收益是否以"－"号填列
"投资损益"项目	检查该项目是否根据利润表中"投资收益"项目的数字填列,如为投资收益是否以"－"号填列
"递延税款"项目	①检查该项目是否根据资产负债表"递延税款"借项、"递延税款"借项的期初、期末余额的差额填列 ②"递延税款"借项期末数小于期初数的差额,以及"递延税款"贷项的期末数大于期初数的差额是否以正数填列 ③"递延税款"借项的期末数大于期初数的差额,以及"递延税款"贷项的期末数小于期初数差额是否以"－"号填列
"存货的减少"项目	检查该项目是否根据资产负债表中"存货"项目的期初、期末余额的差额填列;期末数大于期初数的差额是否以"－"号填列
"经常性的应收项目的减少"项目	检查该项目是否根据本期经营性应收项目的减少进行填列,如期末数大于期初数是否以"－"号填列
"经营性的应付项目的增加"项目	检查该项目是否根据本期经营性应付项目的增加进行填列,如期末数大于期初数是否以"－"号填列

(2) 分析评价审查

对现金流量表的分析评价审查,一般应从企业的销售净利率、资产净利率及净资产收益率等方面展开,具体的查账标准如表 9-11 所示。

表 9-11 现金流量表的分析评价审查标准表

审查内容	计算公式	查账标准
流动性	现金到期债务比 = $\dfrac{\text{经营现金净流量}}{\text{本期到期债务}}$	本期到期的债务指本期到期的长期债务和本期应付票据,因为这两种债务是不能展期的,必须如数偿还,该比值越大,表明偿债能力越强
	现金流动负债比 = $\dfrac{\text{经营现金净流量}}{\text{流动负债}}$	将该比值可与同行业平均水平比较,分析其现金偿还流动债务的能力
	现金债务总额比 = $\dfrac{\text{经营现金净流量}}{\text{债务总额}}$	该比率越高,企业承担债务的能力越强,也表示该企业能承受的最大付息利率,企业只要能按时付息,就能接新债还旧债,维持债务规模

续表

审查内容	计算公式	查账标准
获取现金能力	销售现金比率 = $\dfrac{经营现金净流量}{销售额}$	该比率反映每一元销售额得到的净现金,其数值越大越好
	每股营业现金净流量 = $\dfrac{经营现金净流量}{普通股股数}$	该指标反映企业最大的分派股利能力,超过此限度,就要借款分红
	全部资产现金回收率 = $\dfrac{经营现金净流量}{全部资产}$	该指标可与同行业平均资产现金回收率比较,用来说明企业资产产生现金能力的强弱

9.3.2 现金流量表的查账演练

演练 9-5:开设黑户,隐瞒收入

案情介绍	查账人员在审查公司 2016 年 10 月的利润表和现金流量表时,发现本月的"主营业务收入"增加了许多,但"销售商品或提供劳务收到的现金"这一栏却没增加多少。
问题分析	查账人员进一步审查之后,在"银行存款日记账"中,发现 10 月 25 日 22 号付款凭证摘要为"退货款"90 000 元,结算方式为委托付款,该笔货款收款时间为 10 月 21 日,记入 20 号收款凭证。在 4 天时间发生退货,查账人员怀疑有假退款行为。
调查取证	查账人员调出 20 号收款凭证,如下。 **收 款 凭 证** 贷方科目:银行存款　　2016 年 10 月 21 日　　现收字第 20 号 | 摘要	借方总账科目	明细科目	√	金额 千 百 十 万 千 百 十 元 角 分
---	---	---	---	---
货款	应收账款	A 工厂	√	9 0 0 0 0 0 0
合计			√	￥ 9 0 0 0 0 0 0	 财务主管:×××　记账:×××　出纳:×××　审核:×××　制单:××× 所附原始凭证为银行转来的"收款通知",付款单位为 A 工厂。 调阅 22 号付款凭证,如下。

续表

调查取证	付 款 凭 证 贷方科目：库存现金　　　2016年10月25日　　　现付字第20号 	摘要	借方总账科目	明细科目	√	金　额								
---	---	---	---	千	百	十	万	千	百	十	元	角	分
退货款	主营业务收入						9	0	0	0	0	0	0
合　计						￥	9	0	0	0	0	0	0	 财务主管：×××　　记账：×××　　出纳：×××　　审核：×××　　制单：××× 所附原始凭证两张，一是此公司业务部门开出的退货发票（即红字发票），二是此公司财务部开出的转账支票，付款人为 A 工厂分厂。 查账人员分析，此公司从 A 工厂收款，却为何把退款转到分厂，于是决定追查支票去处。经银行证实，该款项转到 A 工厂分厂账户上。调查之后发现，A 工厂根本没有分厂。查账人员与查账人员与 A 工厂电话联系，询问有关事项，A 工厂表明根本没有发生退货业务。 查账人员断定此公司利用银行的漏洞或其他原因，开设了黑户，隐瞒收入，存入"小金库"或私分，同时逃避税收。查账人员拿出了全部证据后，公司财务经理供认 A 工厂分厂账户是该公司王某利用同银行工作人员的关系开设的，为发放奖金和支付回扣做准备。该账户余额的 90 000 元全部为公司所有。
错弊处理	开设黑户的全部收入属于公司的主营业务收入，应全部收回并撤销所谓的 A 公司分厂的账户。收回余款 90 000 元时，就作分录如下。 　　借：银行存款　　　　　　　　　　　　　　　　　　　　　90 000 　　　贷：主营业务收入　　　　　　　　　　　　　　　　　　　　90 000

演练 9-6：利用现金流量表，贪污企业现金

案情介绍	查账人员在审查企业 2016 年 8 月份的现金流量表时，发现表中"购买商品、接受劳务支付的现金"项目金额比自己想象的多。在"现金日记账"中发现 2016 年 8 月 3 日第 16 号现金付款凭证摘要为"付某公司打印机款"金额为 5 000 元，在"银行存款日记账"中发现"付某公司打印机款"，金额为 9 800 元。
问题分析	查账人员怀疑这里可能存在舞弊行为，会计人员有贪污的可能性。
调查取证	查账人员根据上述疑点，进行了以下追踪查证工作： (1) 采用审阅法，先调阅 8 月 3 日第 14 号凭证和对应的银行存款凭证，发现某公司打印机款总金额达 9 800 元。 (2) 采用核对法，查验公司新购打印机为普通型打印机，经市场调查，发现市场同类型打印机最高价仅 5 000 元。 (3) 采用分析法和询证法，先与售货单位取得联系，发现该公司对应凭证存根为收某公司购买打印机货款 4 700 元，与购货单位对应凭证不符，差额 5 100 元。

续表

调查取证	在查账人员提供的事实面前,会计人员承认和购货单位人员合谋贪污了 5 100 元。其作弊手法是:购货单位与销货单位经办人与会计人员合谋,填制收入原始凭证时,先在白纸下垫写复写纸,两纸盖在发票联上填写发票联,使存根和记账联为空白,然后撕下发票联,再用复写纸垫在存根联和记账联之间复写一次,造成发票联金额大于记账联金额和存根联金额,其差额部分则被贪污。
错弊处理	查账人员责令会计人员和销售单位经办人将贪污的 5 100 元退回,然后对会计人员做了相应处理,并将相关凭证进行了修改。

现金流量表业务
错弊风险提示

- 报表格式不合规。如项目不完整,未按规定的格式填制现金流量表,少记、漏记或错记有关项目的数据
- 不按照有关账簿资料填制现金流量表项目,随意凑数字
- 计算错误或人为地调节现金流量,隐瞒或虚夸现金流量
- 表中项目所列内容不真实。如现金流归类不恰当,各种现金收入和支出划分不清

9.4 会计报表附注的查账标准与演练

9.4.1 会计报表附注的查账标准

会计报表附注是会计报表的补充,主要是对会计报表不能包括的内容或者披露不详尽的内容做进一步的解释说明,包括对基本会计假设发生变化、会计报表各项目的增减变动、对项目及资产负债表日后事项中的不可调整的事项进行说明以及关联方关系及交易的说明等。

会计报表附注具体的查账标准如表 9-12 所示。

表 9-12 会计报表附注的查账标准表

审查内容	查账标准
会计政策、会计估计变更和会计差错更正	①获取被查单位提供的会计政策、会计估计说明,与前期的会计政策和会计估计进行比较,以识别会计政策、会计估计的变更 ②查阅被查单位董事会、股东大会、管理部门有关会计记录及会计准则法规,判断会计政策变更的合法性和合规性 ③获取并审查与会计估计变更和会计差错更正相关的资料,判断会计估计变更和会计差错更正的合理性 ④审查与会计政策、会计估计变更和会计差错更正相关的会计记录,确定其会计处理是否正确

续表

审查内容		查账标准
或有事项		①可以向被查单位管理部门询问其确定、评价与控制或有事项的方针政策 ②向被查单位的法律顾问或律师函证有关未决诉讼或未决税款估价方面的资料 ③索取被查单位与银行间往来函件,以查找有关应收账款抵债和其他债务的担保
资产负债表日后事项		①向被查管理部门询问有关信息 ②审阅被查单位资产负债表日后编制的内部报表及其他相关管理报告 ③审阅被查单位资产负债表日后编制的会计记录和有关会计记录
关联方关系及其交易	关联方关系	获取、复核被查单位提供的关联方清单,并实施有关程序以识别关联方,确定关联方关系的性质
	关联方交易	①查阅有关会计记录,询问有关重大交易的授权情况 ②了解被查单位与其主要客户、供应商和债权人、债务人的交易性质与范围 ③了解是否存在已发生但未进行会计处理的交易 ④查阅会计记录中数额较大、异常的及不经常发生的交易或金额,尤其是资产负债表日前后确认的交易 ⑤审阅有关存款、借款的询证函和贷款函,审查是否存在名为存款或借款,实为关联方购销交易的事项
	关联方及其交易的披露是否恰当	①在存在控制关系的情况下,关联方如为企业,不论它们之间有无交易,都应披露关联方情况,如企业经济性质、名称、法人、注册资本、主营业务、所持股份或权益及其变化 ②在企业发生关联方交易时,应说明关联方性质、交易类型及其交易要素

9.4.2 会计报表附注的查账演练

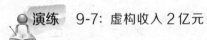 9-7:虚构收入 2 亿元

案情介绍	查账人员在审查 2014 年至 2016 年度的会计报表附注时,发现一些财务信息存在严重的违规,于是展开进一步调查。
问题分析	查账人员发现某公司所做的 2014 年至 2016 年报有严重虚假的财务信息,共虚构收入累计 2 226 100 000 元,占 3 年累计营业收入的 51%;虚构其他业务利润 7 300 000 元;虚构税前利润 67 740 000 元,占 3 年税前利润总额的 72%。
调查取证	查账人员调查的违规事实如下: 第一,2013 年至 2014 年,该公司先后与某水利局、某商贸公司签订了 400 亩土地转让合同,金额计 832 320 000 元,并约定土地使用证在买方付款后移交。公司在未开具发票、未收到款项且未转让土地使用权的情况下,将约定的以上金额确认为 2014 年的收入,使收入虚增 832 320 000 万元,税前利润虚增 24 230 000 元。 第二,2015 年,公司与某房地产开发公司、江苏新华投资公司签订了 200 亩土地转让协议,金额合计 44 210 000 元。协议约定,受让方需在半年内付清全部价款,才能得到土地使用权证。公司在未开具发票、未收到款项及土地使用权未转移的情况下,将以上转让金额确定为当年收入,使收入虚增 44 210 000 元。 第三,2016 年 8 月,公司以 23 130 000 元从香港某公司购得某地区有关公路的权益。按合同约定,该权益包括资本金和投资利息补偿,且当年应收回 6 320 000 元投资回收款。公司将这笔款全部计入其他业务利润,在扣除 820 000 元摊销费用后,差额 5 500 000 元虚增了利润。

续表

错弊处理	本案违反了《企业会计准则》的有关规定,构成了《股票发行与交易管理暂行条例》中所述"在股票发行、交易过程中,作出虚假严重误导性陈述遗漏重大信息"的行为。应对公司及相关人员作出处罚:一是对公司处以警告,并责令其纠正违规行为;二是对公司原法定代表人、董事长王××及赵××、刘××分别处分警告、罚款,对在 2014 年至 2016 年年报上签字的其他 20 名董事分别处以警告。

会计报表附注业务错弊风险提示

- ▣ 未按规定披露会计政策、会计估计和会计差错更正的具体情况
- ▣ 未按规定列示或说明或有事项和资产负债表日后事项
- ▣ 未对关联方及其交易进行披露

第10章

实账演练——对会计业务进行调账

10.1 会计政策变更的调账标准与演练

10.1.1 会计政策变更的调账标准

会计政策变更是指企业对相同的交易或事项由原来采用的会计政策改用另一会计政策的行为。会计政策变更的调账方法包括追溯调整法、未来适用法、当期调整法,其各自的调账标准如表10-1所示。

表10-1 会计政策变更的调账标准表

调账方法	调账标准
追溯调整法	①指对某项交易或事项变更政策时,如同该交易或事项初次发生时就开始采用新的会计政策,并以此对相关项目进行调整的方法 ②在变更当年的比较财务报表中,变更前期的信息应按新的会计政策追溯重编 ③由于经济环境、客观情况的改变而变更会计政策,以便提供有关企业财务状况、经营成果和现金流量等更可靠、更相关的会计信息,也应采用追溯调整法进行会计处理
未来适用法	①指对某项交易或事项变更会计政策时,新的会计政策适用于变更日后出现的交易或事项 ②没有必要对与以前期间相关的项目进行调整,既不调整留存收益,也不调整当期净收益,新的会计政策只适用于变更当期及未来期间发生的交易或事项
当期调整法	①指将会计政策变更的累计影响数在会计政策变更发生当期加以确认,并单独作为一个项目,即会计政策变更累积影响数列于当期的利润表中 ②采用当期调整法下,在变更年度的比较财务报表中,以前年度财务报告的会计信息不追溯重编

10.1.2 会计政策变更的披露标准

会计政策变更在会计报表附注中应披露如下会计政策变更的有关事项,具体的披露标准如表10-2所示。

表 10-2　会计政策变更的披露标准表

披露内容	披露标准
会计政策变更的内容和理由	主要包括对会计政策变更的简要说明、变更的日期、变更前采用的会计政策和变更后所采用的新会计政策,以及会计政策变更的原因等
会计政策变更影响数	①采用追溯调整法时,计算出的会计政策变更的累积影响数 ②会计政策变更对本期及比较财务报表所列其他各期净收益的影响金额 ③比较财务报表最早期间期初留存收益的调整金额

10.1.3　会计政策变更的调账演练

 演练 10-1：会计政策变更调账

案情介绍	远大股份有限公司成立于 2015 年 2 月 1 日,为增值税一般纳税企业,适用的增值税税率为 17%;所得税税率为 25%;按净利润的 10% 提取法定盈余公积,按净利润的 5% 提取任意盈余公积。公司 2016 年 12 月 31 日前对坏账采用"直接转销法"进行核算,从 2017 年 1 月 1 日起改为按照"备抵法"核算,按应收账款余额的 5% 计提坏账准备。公司 2015 年末发生坏账,2015 年 12 月 31 日应收账款余额为 400 000 元;2016 年发生坏账 20 000 元,2016 年 12 月 31 日应收账款余额为 1 000 000 元。
调账处理	(1)会计政策变更累计影响数计算如下表。 **会计政策变更累计影响数计算表** 单位:元 | 年度	按原会计政策计算的管理费用	按变更后会计政策计算的管理费用	税前差异	所得税影响	会计政策变更累计影响数
---	---	---	---	---	---
2015	0	20 000	20 000	0	-20 000
2016	20 000	50 000	30 000	0	-30 000
合计	20 000	70 000	50 000	0	-50 000	 (2)调整分录如下。 　借:利润分配——未分配利润　　　　　　　　　　　　　　　　　50 000 　　　贷:坏账准备　　　　　　　　　　　　　　　　　　　　　　　　50 000 　借:盈余公积　　　　　　　　　　　　　　　　　　　　　　　　7 500 　　　贷:利润分配——未分配利润　　　　　　　　　　　　　　　　7 500 (3)报表调整如下。 资产负债表项目年初数栏目的调整:坏账准备调增 50 000 元;未分配利润调减 42 500 元;盈余公积调减 7 500 元。 利润表及利润分配表项目上年数栏目的调整:管理费用调增 30 000 元;年初未分配利润调减 17 000 元(20 000×0.85);提取法定盈余公积调减 3 000 元(30 000×10%);提取任意盈余公积调减 1 500 元(30 000×5%);未分配利润调减 42 500 元。

10.2 会计估计变更的调账标准与演练

10.2.1 会计估计变更的调账标准

会计估计变更是指由于资产和负债的当前状况及预期经济利益和义务发生了变化,从而对资产或负债的账面价值或者资产的定期消耗金额进行调整的行为。会计政策变更的调账方法为"未来适用法",具体的调账标准如表10-3所示。

表10-3 会计估计变更的调账标准表

调账方法		调账标准
未来适用法	如果会计估计变更仅影响变更当期	有关估计变更的影响数应计入变更当期与前期相同的相关项目中。如企业原来按照应收账款的3%提取坏账准备,但现在企业不能收回应收账款的比例已达5%,因此,企业改按应收账款余额5%的比例提取坏账准备,此项会计估计的变更只影响变更当期,应将会计估计变更的影响数计入变更当期
	如果会计估计的变更既影响变更当期又相应未来期间	会计估计变更的影响数应计入变更当期和未来期间与前期相关的相关项目中。如企业应计提折旧的固定资产的预计使用年限或预计净残值的估计若发生变更,则会影响变更当期及以后使用年限内各期间的折旧费用,因而,此项会计估计变更的影响数,应在变更当期及以后各期分别确认

10.2.2 会计估计变更的披露标准

根据我国企业会计准则的规定,企业应在报表附注中披露如下会计估计变更事项,具体的披露标准如表10-4所示。

表10-4 会计估计变更的披露标准表

披露内容	披露标准
会计估计变更的内容和理由	包括会计估计变更的内容、变更日期以及对会计估计进行变更的原因
会计估计变更的影响数	包括会计估计变更对当期损益的影响数,以及对其他有关项目的影响数
不能确定影响数的理由	具体说明会计估计变更的影响数不能确定的理由

10.2.3 会计估计变更的调账演练

 演练 10-2:会计估计变更调账

案情介绍	甲公司于2014年1月1日起计提折旧的一台××设备,原始价值为43 000元,估计使用年限为8年,预计净残值为3 000元,按直线法计提折旧。到2017年初,由于科学技术的进步,需要对原估计的使用年限和净残值重新作出修订,修订后该设备的使用年限为6年,净残值为1 000元。采用未来适用法进行处理。

续表

调账处理	按原估计,每年折旧额为 5 000[(43 000－3 000)/8],已提折旧了 3 年,共计 15 000 元,固定资产账面净值为 28 000 元(43 000－15 000)。则第 4 年即 2017 年相关科目的期初余额如下表。 **相关科目的期初余额表** | 项目	年初余额
固定资产	43 000
减：累计折旧	15 000
固定资产净值	28 000 | 甲公司改变估计使用年限和净残值后,2016 年起每年计提的折旧费用为 9 000 元[(28 000－1 000)/(6－3)],2017 年不需要对以前年度已提折旧进行调整,只需按重新预计的使用年限和净残值计算确定当年的折旧费用即可。以后每年也按新修订的估计计算当年的折旧费用。编制如下会计分录。 借：管理费用　　　　　　　　　　　　　　　　　　　　　　　　9 000 　　贷：累计折旧　　　　　　　　　　　　　　　　　　　　　　　　9 000 附注说明如下。 本公司××设备,原始价值为 43 000 元,原估计使用年限为 8 年,预计净残值 3 000 元,按直线法计提折旧。由于科学技术进步,该设备已不能按估计使用年限计提折旧,公司于 2017 年年初起变更该设备的使用年限为 6 年,预计净残值 1 000 元,以便真实反映××设备的耐用年限和净残值。该项会计估计变更影响本年度净利润减少 3 000 元[(9 000－5 000)×(1－25%)]。

10.3 会计差错更正的调账标准与演练

10.3.1 会计差错更正的调账标准

会计差错更正指对企业在会计核算中,由于计量、确认、记录等方面出现的错误进行的纠正。根据企业会计差错发生期间的不同,其调账标准也有所区别,具体的调账标准如表 10-5 所示。

表 10-5 会计差错更正的调账标准表

调账期间		调账标准
属于当期的会计差错		企业对于发生属于当期的会计差错,应当调整当期相关项目
本期发现前期会计差错	与资产负债表日后事项无关	①企业发生与以前期间相关的非重大会计差错,应调整发现当期与前期相同的相关项目 ②企业发现与以前期间相关的重大会计差错,如果影响损益,应将其对损益的影响数调整 ③发现当期的期初留存收益,会计报表其他相关项目的期初数也应一并调整；如不影响损益,应调整会计报表相关项目的期初数。即调整发现当期资产负债表年初数、利润表和利润分配表上年数相关项目数字 ④在编制比较会计报表时,对于比较会计报表期间的重大会计差错,应调整该期间的净损益和其他相关项目,视同该差错在产生的当期已经更正；对于比较会计报表期间以前的重大会计差错,应调整比较会计报表最早期间的期初留存收益,会计报表其他相关项目的数字也应一并调整

续表

调账期间	调账标准	
本期发现前期会计差错	与资产负债表日后事项有关	①年度资产负债表日至财务会计报告批准报出日之间发现的报告年度的会计差错及以前年度的非重大会计差错,应当按照资产负债表日后事项中的调整事项进行处理 ②年度资产负债表日至财务会计报告批准报出日之间发现的报告年度以前年度的重大会计差错,应当调整以前年度的相关项目。即调整报告

10.3.2 会计差错更正的披露标准

会计差错更正的披露标准,如表 10-6 所示。

表 10-6 会计差错更正的披露标准表

披露内容	披露标准
重大会计差错的内容	包括重大会计差错的事项、原因和更正方法
重大会计差错的更正金额	包括重大会计差错对净损益的影响金额以及对其他项目的影响金额

10.3.3 会计差错更正的调账演练

演练 10-3:本期会计差错的更正调账

案情介绍	甲公司于 2016 年 8 月发现有一项固定资产在本年度漏提折旧 4 000 元。
调账处理	此差错为本期发现的属于本期的会计误差,所以应调整本期相关项目,于发现时编制如下会计分录予以补提:
	借:管理费用　　　　　　　　　　　　　　　　　　　　　　　　4 000 　　贷:累计折旧　　　　　　　　　　　　　　　　　　　　　　　　4 000

演练 10-4:以前年度会计差错的更正调账

案情介绍	甲公司于 2016 年发现 2010 年漏记了管理人员工资 3 000 元。
调账处理	此差错为本期发现的属于以前年度的非重大会计差错,则 2016 年应编制如下更正分录:
	借:管理费用　　　　　　　　　　　　　　　　　　　　　　　　3 000 　　贷:应付职工薪酬　　　　　　　　　　　　　　　　　　　　　3 000

10.4 或有事项的调账标准与演练

10.4.1 或有事项的确认标准

或有事项的确认是指或有事项产生的义务的确认,一般可确认为负债和资产。

或有事项相关的义务能确认为负债的必须是现时义务,在将与或有事项有关的义务确认为负债的同时,企业有时也拥有反诉或向第三方索赔的权利。对于补偿金额,只能在基础确定能够收到时作为资产单独确认,而不能在确认与或有事项有关的义务为负债时,作为扣除项目,减去负债的确认金额。

或有事项的确认标准如表 10-7 所示。

表 10-7 或有事项的确认标准表

确认内容	确认标准
负债	①该义务是企业承担的现时义务 ②该义务的履行很可能导致经济利益流出企业 ③该义务的金额能够可靠地计量,即或有事项产生的现时义务的金额能够合理地估计
资产	①相关义务已确认为负债 ②从他方或第三方补偿基本确定

10.4.2 或有事项的计量标准

或有事项的计量是指因或有事项确认的负债入账金额的确定。主要涉及最佳估计数的确定和预期可获得补偿金额两个问题。具体的计量标准如表 10-8 所示。

表 10-8 或有事项的计量标准表

计量内容	计量标准
最佳估计数的确定	①如果存在一个金额范围,则最佳估计数应是该范围的上、下限金额的平均数 ②如果不存在一个金额范围,则应按如下原则确定最佳估计数:或有事项涉及单个项目时,按最可能发生的金额确定;或有事项涉及多个项目时,按各种可能发生的金额及其发生概率计算确定
预期可获得补偿金额	①指清偿因或有事项而确认的负债所需支出全部或部分预期由第三方或其他方给予的补偿。其补偿金额只有在确定能收到时,才在资产负债表中,单列项目反映 ②需要注意的是确认的补偿金额与可获得补偿金额之间的差额,应分别确认

10.4.3 或有事项的披露标准

或有事项除了按照规定予以确认外,还应当分别不同情况加以披露。具体的披露标准如表 10-9 所示。

表 10-9 或有事项的披露标准表

披露内容	披露标准
因或有事项而确认的负债	①因或有事项而确认的负债,企业应在资产负债表中单列项目反映,并在会计报表附注中作相应披露 ②与所确认负债有关的费用或支出应在扣除确认的补偿金额后,在利润表与其他费用或支出项目合并反映

续表

披露内容	披露标准
因或有事项而确认的负债	③对于以下或有负债,企业应在会计报表附注中分类披露其形成的原因、预计产生的财务影响等内容:已贴现商业承兑汇票形成的或有负债;未决诉讼、仲裁形成的或有负债;为其他单位提供债务担保形成的或有负债;其他或有负债
或有资产导致未来经济利益流入企业	①或有资产很可能导致未来经济利益流入企业时,应在会计报表附注中披露 ②披露的内容包括其形成的原因、预计产生的财务影响等

10.4.4 或有事项的调账演练

 演练 10-5: 或有事项调账

案情介绍	高盛公司于 2016 年 12 月 31 日以每台 2 800 元的价格销售一批无氟绿色环保型电冰箱,共计 70 台,并提供为期 1 年的售后保修服务。根据该企业以往销售经验,每个客户在一年内要求修理的可能性占 50% 以上,每台电冰箱的保修费约 120 元。该公司在 2016 年编制会计报表时决定确认这笔保修费用。
调账处理	根据资料高盛公司该作出如下分录处理。 借:销售费用——担保修理费用　　　　　　　　　　　　　　8 400 　　贷:预计负债　　　　　　　　　　　　　　　　　　　　　　8 400

10.5 资产负债表日后事项的调整标准与演练

10.5.1 日后调整事项的调整标准

资产负债表日后发生的调整事项,应当如同资产负债表所属期间发生的事项一样,作出相关的账务处理,并对资产负债表日已编制的财务报告作相应的调整。

由于资产负债表日后事项发生在次年,上年度相关项目已结转,尤其是损益类科目在结转后无余额。因此,资产负债表日后发生调整事项,应按照表 10-10 所示调整标准进行调整。

表 10-10　日后调整事项的调整标准表

调整内容	调整标准
涉及损益的事项,通过"以前年度损益调整"账户核算	①调整增加以前年度收益或调整减少以前年度亏损的事项,以及调整减少的所得税,记入"以前年度损益调整"的贷方 ②凡是调整减少以前年度收益或调整增加以前年度亏损的事项,以及调整增加的所得税,记入"以前年度损益调整"账户的借方 ③"以前年度损益调整"账户的贷方或借方余额,转入"利润分配——未分配利润"账户

续表

调整内容	调整标准
涉及利润分配调整的事项	如增提或减提盈余公积等直接在"利润分配——未分配利润"账户中核算
不涉及损益及利润分配的事项	不涉及损益及利润分配的事项,调整相关账户
调整会计报表相关项目的数字	①调整资产负债表日编制的会计报表相关项目的数字 ②当期编制的会计报表相关项目的年初数 ③提供比较会计报表时,还应调整相关会计报表的上年数 ④经过上述调整后,如果涉及会计报表附注内容的,还应当调整会计报表附注相关项目数字

10.5.2 日后非调整事项的披露标准

资产负债表日后发生的非调整事项,是资产负债表日以后才发生或存在的事项,不影响资产负债表日存在状况,因此,只需要在会计报表附注中加以披露。

在会计报表附注中披露的非调整事项内容,估计该事项对财务状况、经营成果的影响;如果无法估计非调整事项对财务报告的影响,应当说明理由。日后非调整事项的披露标准如表10-11所示。

表10-11 日后非调整事项的披露标准表

披露内容	披露标准
股票和债券的发行	披露企业在资产负债表日以后发行股票、债券等,以使财务报告使用者了解与此有关的情况及可能带来的影响
对一个企业的巨额投资	披露企业在资产负债表日以后决定对一个企业的巨额投资,以使财务报告使用者了解对一个企业的巨额投资可能会给投资者带来的影响
自然灾害导致的资产损失	披露自然灾害导致的资产损失,避免其对财务状况所产生的影响,使财务报告使用者产生误解,导致作出错误的决策
外汇汇率发生较大变动	如果资产负债表日后汇率发生较大变化,应对由此产生的影响在报表附注中进行披露

10.5.3 日后事项的调账演练

 演练 10-6:资产负债表日后事项调账

案情介绍	甲公司因违约于2014年9月被乙公司起诉,乙公司提出索赔300 000元,法院于2015年3月作出终审判决,甲公司需在判决日30天内向乙方赔偿200 000元,甲公司在2014年12月31日的资产负债表中已记录了50 000元的估计损失金额,甲公司会计报表批准报出日为2015年6月20日,甲公司已向乙公司支付了赔偿,甲公司按税后利润的10%和5%提取了法定公积和任意盈余公积。

续表

| 调账处理 | (1)根据资料编制调整分录。

  借:以前年度损益调整   150 000
    预计负债   50 000
    贷:其他应付款   200 000
  借:其他应付款   200 000
    贷:银行存款   200 000
  借:应交税费——应交所得税   37 500
    贷:以前年度损益调整   37 500
  借:利润分配——未分配利润   112 500
    贷:以前年度损益调整   112 500
  借:盈余公积   16 875
    贷:利润分配——未分配利润   16 875

(2)资产负债表项目调整:
  调增其他应付款=200 000(元);调减预计负债=50 000(元);调减应交税费=37 500(元);调减盈余公积=112 500(元);调减未分配利润=95 625(元)
(3)利润分配表项目调整:
  调增营业外支出=150 000(元);调减所得税=37 500(元);调减提取法定盈余公积=11 250(元);调减提取任意盈余公积=5 625(元) |